信息化时代下的高校英语教学实践与优化研究

邹丹丹◎著

中国纺织出版社有限公司

内 容 提 要

本书立足于信息化背景，对高校英语教学实践与优化进行了全方位的解读和研究。首先阐述了信息技术与信息化教学、大学英语教学的基础认知以及大学英语教学的研究背景，在对信息化时代与高校英语教学相关基础知识概述的基础上，重点分析了信息化时代高校英语教学研究的若干思考。其次分别对信息化背景下的大学英语课程的整合、教学模式、教学方法和混合式教学进行了详尽的探讨。最后分析了信息化时代下高校英语教学的评价优化、师资优化的实践策略，将理论与实践相结合，提高了本书的实用性与应用性。

图书在版编目（CIP）数据

信息化时代下的高校英语教学实践与优化研究 / 邹丹丹著 . -- 北京 : 中国纺织出版社有限公司，2024.3
ISBN 978-7-5229-1604-0

Ⅰ. ①信…　Ⅱ. ①邹…　Ⅲ. ①英语－教学研究－高等学校　Ⅳ. ① H319.3

中国国家版本馆 CIP 数据核字（2024）第 066827 号

责任编辑：张　宏　责任校对：高　涵　责任印制：储志伟

中国纺织出版社有限公司出版发行
地址：北京市朝阳区百子湾东里 A407 号楼　邮政编码：100124
销售电话：010—67004422　传真：010—87155801
http://www.c-textilep.com
中国纺织出版社天猫旗舰店
官方微博 http://weibo.com/2119887771
三河市宏盛印务有限公司印刷　各地新华书店经销
2024 年 3 月第 1 版第 1 次印刷
开本：787×1092　1/16　印张：12.75
字数：247 千字　定价：98.00 元

前言

　　随着教育改革的不断深入和现代社会对创新型人才质量需求的提高，依赖现代化技术支持下的信息化教学在教学方式上更加灵活生动，在教学设计上更加充实丰富。而如何利用信息化手段和技术来有效地改善教育环境以提高英语课堂教学质量，已经成为英语教学的热门研究话题。

　　信息化教学是一种基于现代化信息技术的全新的形态化教育，它也是一个集互动、整合、实践为一体的综合过程。网络平台、多媒体及远程教育等现代信息化技术的广泛应用，可以加速教育改革和发展的进程。同时，英语教学信息化的实施进展也成为英语教学的焦点。在教育领域中如何促进高校英语课程和现代信息技术有效整合，是高校实行教学改革的一项重要任务，也是英语教学发展的总体态势。

　　本书在对信息化时代与高校英语教学相关基础知识概述的基础上，重点分析了信息化时代高校英语教学研究的若干思考，并分别对信息化背景下的大学英语课程的整合、教学模式、教学方法和混合式教学进行了详尽的探讨。最后分析了信息化时代下高校英语教学的评价优化、师资优化的实践策略，将理论与实践相结合，提高了本书的实用性与应用性。本书观点新颖、结构合理，内容丰富，是一本值得学习研究的著作。

　　本书在撰写过程中，吸收和借鉴了许多专家学者的研究成果，在此一并表示感谢。由于笔者水平有限以及信息化教学不断发展，书中难免存在不足之处，恳请广大读者批评指正。

邹丹丹

2023 年 8 月

目录

第一章

信息化时代下的高校英语教学解析

第一节　高校英语教学的内涵解析

一、英语教学的界定与作用

高校英语作为我国高等教育中的一门重要课程，与社会需要、国家需要、学生需要有着紧密的关系。对于高校英语教学的内涵，可以从多个层面来理解与把握。

作为一项活动，教学贯穿整个人类社会的生产与发展过程中。也就是说，教学在原始社会就产生了，只不过原始社会将教学与生活本身视作一回事，并不是将教学视作独立的个体存在。但是，随着社会的不断发展，教学逐渐独立出来，成为一个单独的形态存在，并对人们的生产生活产生着重要的影响。由于角度不同，人们对教学概念的理解也不同，因此这里从常见的几个定义集中进行解释。

有人认为教学即教师的教。从汉字词源学上分析，"教"与"教学"有着不同的解释，但是从我国教育活动中，人们往往习惯从教师的角度对教学的概念进行解释，即将教学理解为"教"，因此"教学论"其实就等同于"教论"。

有人认为教学即学生的学。有些学者从学生"学"的角度对教学进行界定，认为教学是学生基于教师的指导，对知识进行学习的过程，从而发展学生自身的技能，形成自身的品德。

有人认为教学即教师的教与学生的学。有人将教学视作教师的教与学生的学，即教师与学生将课程内容作为媒介，为了实现共同的目标，彼此共同参与到活动中。也就是说，教师不仅包含教，还包含学，教与学是同一过程的两个方面，彼此相辅相成、不可分割。教学的根本目的在于促进学生的进步和发展。因此，这一观点是对前面两个观点的超越。

有人认为教学即教师教，学生学。对于这一观点，其主要强调的是教师指导学生"学习"，即教师"教学生学"，而不是简单的"教师教与学生学"这一并列的概念。也就是说，这一观点强调教师要教会学生学习，重视学生学习方法的传授等，让学生学会自主学习。英语教学的作用有很多，可以概括为如下几点。

第一，英语教学是以有目的、有计划的组织形式进行知识经验的传授，这有助于教学活动保证良好的节奏与秩序，从而提升教学的效果。各项规章制度对教学行为进行规范，使教学活动更具有整齐性与系统性，避免随意与凌乱，最终使教学变成一个专业性极强的特殊活动。

第二，英语教学研究者考虑知识的构成规律，经过科学的选择，将内容按照逻辑循序编纂成教材，英语教师根据这样的教材进行教学，有助于学生认识世界，这要比学生自己选择知识更具有优越性。

第三，英语教学是教师在精心安排与引导的过程中进行的，以避免学生自身学习的困难，帮助他们解决具体的问题。同时，英语教师会选择最优的方式展开教学，这保证了学生学习的每一步都能顺利开展。

第四，英语教学不仅仅是为了传授知识，更是为了完成全方位的任务。其中既包含知识的获得、能力的提升，又包括个性特长的发展、品德的完善，这种全方位的发展只有通过英语教学才可以实现。

综上所述，可以将英语教学概括为：教师依据一定的英语教学目的与教学目标，在有计划的系统性的过程中，借助一定的方法和技术，以传授和掌握英语知识为基础，促进大学生整体素质发展的教与学相统一的教育活动。

二、高校英语教学的本质特点

（一）有目的、有计划的活动

高校英语教学具有计划性、目的性，主要在于教师是为了让学生获得知识与技能，实现多层面的发展。在教学活动中，教师需要按照教学任务与教学目的，将课程内容作为媒介，通过各种方法、手段等引导学生进行交往与交流，促进学生的全面发展。

（二）具有系统性与计划性

教学的系统性主要体现在其制定者的工作中，如教育行政机构、教研部门和学校的教学管理者等的工作。高校英语教学的计划性指的是对英语基础知识的计划性教学，如大学英语语音、词汇、语法、写作、阅读等具体知识和技能的传递。

（三）教师教与学生学的统一活动

前面通过对教学的定义介绍可知，无论从哪个方面而言，人们都不能否认教学活动是"教"与"学"的过程，二者是相互制约、相互依赖的关系。在课堂中，教师的教离不开学生的学，学生的学自然也离不开教师的教，因此二者是同一过程的两个层面。正如王策三在《教学论稿》中所说："所谓教学，乃是教师教、学生学的统一活动；在这一活动中，学生掌握自身需要的知识与技能，同时促进自己身心的发展。"

需要指明的是，高校英语教学并不是教与学的简单相加，而是教师指导学生学习的过程，是二者相统一、相结合的过程。要想保证教与学的统一，不能片面地强调只有教或者只有学，也不能片面地简单相加，而应该从学生自身的学习规律与身心发展特点出发，进行教与学的活动。从这一点来说，教师教学能否成功的关键是学生的学。

（四）教师与学生以课程内容作为媒介的活动

在教师教与学生学之间，课程内容充当中介与纽带的作用。师生围绕这一纽带开展教学活动。高校英语教学的本质是人与人之间的交往，是一种重要的社会活动，其体现了一般的人际交往与语言交际的特征。大学英语的课程内容使师生之间围绕共同的目标、共同的话题展开对话与合作，从而使学生不断地提升自身的表情达意能力，提高自身的文化意识与情感态度，促进自身学习策略的进步与发展。

（五）本质在于建构意义

高校英语教学活动的目的在于促进学生的全面发展，实际上这一目的实现的过程就是学生不断建构知识意义的过程，即学生对原有知识与经验进行重组，对新知识的意义加以建构的过程。在实际的学习中，学生只有将新旧知识的意义结合起来，才能真正地学好知识、掌握知识。

高校英语教学经过深厚的历史积淀，形成大量有效的教学方法。现代科学技术，尤其是信息技术的发展，为高校英语教学提供了可以借助的多种教育技术。

三、高校英语教学的主要目的

（一）顺应社会发展趋势

在当今全球化背景下，国与国之间的交往日益频繁，这就更加要求高校学生努力学习语言与文化知识，获取语言与文化技能。因此在高校英语教学中，教师除了让学生提升自身的语言能力，还应该提升自身的跨文化交际能力，应对交际中出现的各种变化。另外，随着多元社会的推进，要求交际者应该具备一定的合作能力与意识，无论是生活在什么文化背景中，都应该为社会的进步努力学习，树立自己的文化意识，用积极的心态去认识世界。可见，高校英语教学中的跨文化交际教学将英语的价值充分地体现出来，学生对跨文化交际知识的学习也与社会的发展相符，是中西文化交流不断推进的必由之路。

（二）实现素质教育的必然要求

现如今，我国高度重视素质教育。作为一门基础课程，高校英语教学也是素质教育，乃至文化素质教育的重要项目。高校英语教学是实现素质教育的一个重要工具，也可以说是一个主要渠道。这是因为高校英语教学除了知识传授，还有文化素质与文化思维的培养，这与跨文化教学的要求有异曲同工之妙。因此，在教学中，教师必须将语言与文化的关系处理好，引入西方国家文化，汲取其中有利成分，发扬我国的文化。

（三）为学生创造学习异域文化的机会

当中西方两种文化进行接触与了解时，不可避免地会遇到碰撞的情况，并且很多时候也会感到不适应。因此，大学英语教师应该帮助学生避免这一点，让他们有更多的机会了解异域文化，提升自身的文化适应力。

第二节　高校英语教学的原则与现状

一、高校英语教学的原则

作为通用型语言，英语的作用不言而喻。但在高校具体的英语教学中，却存在着种种弊端。因此，高校英语教学应该坚持一定的原则，从高校英语教学的任务与目的出发，基于教学理论的指导，经过长期实践总结出来的教学经验。这些教学原则是教师对教材进行疏理、选用科学的教学方法、提升自身教学质量的指南针。

（一）思想性原则

英语教学要从学生的实际出发，根据学生身心发展的特点和认知规律，紧贴学生生活，选取教学材料、设计教学活动。教学材料和教学活动不仅要有利于学生学习语言知识，形成语言技能，而且要有利于学生健康性格和健全心理的形成与发展。

思想性原则还要求教师要把文化意识渗透在开展爱国主义教育和增强世界意识之中，使学生了解外国文化的精华和中外文化的异同，还要有利于引导学生提高文化鉴别能力，树立民族自尊心、自信心和自豪感，促进学生形成正确的人生观和价值观。

（二）可行性原则

英语教学中的教学设计是为课堂教学所做的系统规划，要真正成为现实，必须具备两个可行性条件：一是符合主、客观条件，二是具有可操作性。

符合主、客观条件是教师实施教学设计的重要条件。主观条件是指教师应考虑学生的年龄特点、已有知识基础及生活经验；教师只有遵循学生的认知规律，尊重学生身心发展的特点，立足学生的生活经验和学习基础，在综合分析的基础上进行教学设计，才能增加设计的针对性，而更具有客观实效性。如果教学设计背离了学生的年龄特点，超出了学生的认知能力范围和脱离了生活实际，是不可行的。

客观条件是指教师进行教学设计需要考虑教学设备、地区差异等因素。教师首先要了解学校所处的地域环境和教学条件、学生的学习能力等客观因素，其次要了解学校能够提供什么样的教学设施。教学的环境和条件、学生的学习能力是教师进行教学设计的重要参考。如果教师不考虑教学的客观条件，只凭自己的主观设计，不考虑地域学生的差异，把目标拔得太高，教学设计也是无法落实的。

具有可操作性是教学设计应用价值的基本体现。教学设计的出发点是为指导教学实践准备，应能指导具体的教学实践，而不是理想化地设计作品。教师的教学设计要在教学实践中检验，去验证设计的理念是否正确，方法是否恰当，学习效果是否满意，这样才能体现教学设计指导教学的作用。

（三）趣味性原则

英语教学的目标是要培养学生综合运用语言的能力和学习英语的兴趣。英语教学不仅要符合学生的知识、认知和心理发展水平，还要充分考虑学生的兴趣、爱好、愿望等学习需求，紧密联系学生的实际生活，设计生动活泼、形式多样、趣味性强的学习活动，创设愉快的语言运用情境，引导学生积极参与，提高学生的学习兴趣，加强其学习动机。例如，根据不同学段学生的年龄特征，设计不同的任务型教学，创设不同的情境，采用不同形式的教学媒体，使课堂教学变得生动活泼。

（四）互动性原则

任何事物都处于一定的关系中，学校是教育生态系统的子系统，在学校这个子系统中，教师与学生作为其中的两个因子相互作用与交往。教师与学生之间是一种以学生最终的发展为目的而联系在一起的共生关系。教学过程中信息的传递是相互的、双向的。只有教师与学生之间的互动保持相对平衡性、有序性，他们才能有效发挥各自的作用，进而实现和谐统一的发展。如果教师和学生之间的互动被打破，那么教育要素之间的平衡也会被打破，这不仅会损害师生自身的发展，也会损害整个学校甚至整个教育的发展。师生之间的交流与沟通是一种连续不断的过程，在不断地动态变化发展中寻找平衡点。教师不断提高自身的教学水平与理论水平，从而应用到实践教学中，促进学生的可持续发展。学生获得的成绩也体现了教师的价值，并且是对教师的一个鼓励。因此，在高校英语教学中，师生之间是一种相互依存、共同发展的关系。

（五）系统性原则

英语教学的设计是一项系统工程，系统中的各要素相当于子系统，既相对独立，又相互依存、相互制约，组成一个有机的整体。教学设计各子系统的排列具有程序性的特点，即各子系统有序地成等级结构排列，而且前一子系统制约、影响着后一子系统，而后一子系统依存并制约着前一子系统。一个规范的教学一般由教材分析、学情分析开始，根据分析结果，确定教学目标。

从形式上看，教材分析、学情分析和教学目标是相对独立的，但又是相互依存的。学情制约着教学目标，教学目标的制订建立在学情分析的基础上，彼此之间存在着内在的逻辑关系。逻辑性是保证前后各要素相互衔接的前提，在这种逻辑的基础上，一旦教学目标明确了，教学重点、教学难点就能够确定了。

重点、难点是教师选择教学方法的重要指标和依据，它在一定程度上决定了教师选择什么样的方法突出重点、突破难点，以实现教学目标。所以，教学设计的程序是无法随意改变的，教学设计中教师应遵循其程序的规定性及联系性，确保教学设计的系统性和科学性。

（六）情境性原则

课堂教学环境对于教学活动的顺利展开有着很大的影响。大学生的注意力集中水平有限，大学英语教师更应该注意课堂教学环境的建设。一般来说，课堂教学环境分为人文环境、语言环境、自然环境。

1. 人文环境

人文环境主要通过师生之间的情感交流与互动氛围体现出来，它是一种隐形的环境。大学生缺乏人际交往经验，所以大学英语教师应该在营造人文环境方面起着主导作用。教师要通过倡导师生之间的平等交流以及歌曲、游戏、表演等方式，来营造一种自由、开放的人文环境，打开学生的心扉，促进学生的英语学习。

2. 语言环境

根据认知发展心理学，大学生需要借助具体事物来辅助思维，不容易在纯粹语言叙述的情况下进行推理，他们只能对当时情境中的具体事物的性质与各个事物之间的关系进行思考，思维的对象仅限于现实所提供的范围，他们可以在具体事物的帮助下顺利解决某些问题。语言与认知的发展是相互促进的。个体语言能力是在个体与环境相互作用的过程中逐渐发展起来的。语言环境对于外语学习非常重要，而中国学生没有现成的语言环境，因此大学阶段的英语教学应该创设具体、直观的语言情境。为此，教师要充分利用与开发电视、录像、录音、幻灯片等教学手段，设计真实的语言交流，使学生在运用语言的过程中学习与掌握语言。

3. 自然环境

课堂教学的自然环境主要指课堂中教学物品、工具的呈现方式。其一，要求让教师与学生之间进行更加亲近的交流，教师应该设置开放的桌椅摆放方式，应该摒弃那种教师高高在上、学生默默倾听的桌椅摆放方式。其二，要求教室的布置应该取材于真实的生活场景，这不仅拉近了学生对课堂教学的距离，也使学生更容易理解英语，也有助于创造英语语言交流的环境。

（七）融合性原则

在英语教学中，文化主要包含母语文化与英语文化。所谓融合性原则，即教师在英语教学中要重视文化的导入与渗透。学生对文化的了解，可以促进他们对语言知识的掌握。同时，学生掌握语言知识又可以促进他们对中西方文化的了解。因此，在英语教学中必须对学生进行文化导入。具体来说，文化导入主要有如下几种方法。

1. 比较

有比较就有结果。只有在比较中，事物的特性才会表现得更加明显。经过了不同的历史轨迹，中西方国家在长时间的历史积淀中形成了不同的文化。因此，在文化教育中，教师可以通过母语文化与英语文化的鲜明对比，让学生更加深刻地认识母语文化与英语文化的差异。从而使学生在跨文化交际中提高自身的文化敏感性，更加重视文化对于交际的影响，减少甚至避免文化差异引起的交际冲突。例如，问别人的行程和年龄在中国是很正常的，但是在西方则是对其隐私的侵犯。

2. 外教

外教不仅可以提升学生的英语学习兴趣，还能够促进学生跨文化交际能力的提高。外教作为异域文化的成员，比较能够引起一些学生的好奇心，这些学生在与外教接触和交流的过程中增强了对英语口语表达的信心，还能收获课堂上学不到的社会文化背景知识，能真正提高英语文化敏感度与英语交际能力。另外，学校可以定期利用外教组织英语角，这样就为学生创造了纯正地道的英语环境，有助于学生英语听力与口语能力的提高。

（八）开放性原则

高校英语教学的一个重要特征就在于开放性，其体现为如下两个层面。

第一，教学资源的开放性。高校英语教学资源不仅来自教材，还来源于大学生的课外生活。当然，教学资源都是经过筛选的，选择的依据就是师生之间的知识交流、情感传递。换句话说，教学主体在日常生活中进行生活体验，并不断总结经验教训，然后积极构建出相关的知识，真正实现课堂教学的知识在生活中的运用。

第二，教学主体的开放性。在高校英语教学中，教师与学生在不断地重复信息传递与信息接收的过程中进行着持续的互动交流。教师在生活阅历、知识水平、情感态度等层面与学生有着巨大的差异性，会无意识地将自己的知识水平、生活阅历、情感态度等带入实际教学活动中；同时，学生根据自身发展特点有选择性地吸收。因此，伴随着课堂教学活动的是教师与学生之间的信息流动。

（九）形成性评价原则

形成性评价是课堂教学中由教师和学生共同参与和实施的评价活动，其目的是促进学生学习，实现教学目标。教师要根据教学目标的要求，采取有效的信息收集和反馈方式，及时观察和了解学生的学习进程和学习难度，把握课堂教学目标的落实，为下一步调整教学目标、改进教学方法、提高教学效率提供依据。

形成性评价应坚持激励原则。教师要对学生在学习过程中的表现、学习态度、学习行为以及学习效果应及时地给予肯定，充分肯定学生的进步，鼓励学生继续努力。教师还应积极指导学生评价自己的学习行为和学习结果，引导学生参与展现自己学习成果的各种评价活动，获得成就感，增强自信心，有效调控学习过程。

二、高校英语教学的现状

随着社会对高校英语教学的关注，高校英语教学取得了可喜的成绩。但是，受一些主客观因素的影响和制约，目前我国的高校英语教学存在着很多的问题，只有对这些问题有清楚的认识与把握，才能采取有针对性的措施，从而不断提升高校英语教学的质量和水平。

（一）受"应试教育"的制约严重

在传统教学模式中，"应试教育"是一个基本的目标，其主要目的是让学生成功通过考试。例如，在大学阶段，学生特别注重四、六级考试成绩，因为在他们看来，通过四、六级考试，就能够顺利毕业。但是，这样的考试就失去了英语教育的作用，也很难提升学生的英语实际应用能力。

（二）教材选择方面存在弊端

教材决定课程的教学内容与方法，因此无论对于什么课程，教材的选择与运用非常重要，当然高校英语教学也不例外。但是，在我国当前的大学英语教材上，内容多注重文字与争论，忽视了实用性。虽然当前我们也引入了大量的国外教材，但是这些教材与我国的教学需要并不完全适应。因此，我国的教材仍旧存在明显的弊端。

（三）师资水平参差不齐

在高校英语教学中，教师是重要的组成部分，起着重要的引导作用。因此，教师素质的高低，对学生英语学习的积极性有着直接的关系。当前，很多学校的师资力量紧张，师资水平也存在差异，高校英语教学存在明显的师资问题。

（四）信息化教学效率低下

在信息技术飞速发展和广泛覆盖的背景下，有学者提出将教育信息化与传统教学理念相融合，为教育行业的未来发展拓展了新的领域。近年来，很多研究人员在如何提升现代教育技术的实效性方面开展了众多研究工作，取得了一定的成果，但是问题仍然显著地摆在我们面前，其主要表现在以下两个方面。

1.学校方面

第一，现代教育技术的应用管理不足。学校领导是学校教学工作展开的主要影响因素，因此他们关系着现代技术在英语教学中的应用和实施。近年来，我国现代教育技术发展快速，但是不可否认，很多学校领导还是将学生文化成绩的提升放在学校工作的重要位置，有些学校领导为了实现学生的"高分数"，甚至放弃了英语教学创新活动的开展。

第二，学校难以引进专业的信息化人才。传统的英语教学模式已经使得英语不再是曾经的香饽饽，这给英语教学的前进之路造成了不小的障碍。当前，在发展信息化教学的过程中，需要认真探讨出符合时代发展的教学模式，包括信息化教学的指导思想、信息化教学师资队伍、信息化教学方法等。但是，由于种种主观因素和客观因素，一些专业的信息化人才不愿意走上学校的教学岗位，这也就直接制约着英语教学的信息化进程。

第三，教师的现代教育技术应用能力不足。虽然大部分教师对现代教育技术在提升英语教学效果方面的作用充分肯定，但在教学实践过程中采用多媒体教学的教师只占据一部分。这很大程度上是因为教师对现代教育技术的应用操作流程不熟悉，或者迫于教学目标的压力等。如果教师不在英语教学中使用现代教育技术，便无法在教学新模式中汲取新的知识和技能，更无法开展高效的教学实践工作。

2.学生方面

学生对信息技术的掌握，在很大程度上影响着他们的英语知识学习和运用的效率。教学是针对整个学生群体而言的，英语教学信息化的高效实施，需要每一位学生的积极参与和配合。在教师减少传统教学手段而增加现代教学手段的使用频率时，学生应该以一种欢迎的态度面对这种情况，这更有利于教师开展信息化教学工作。然而在现实中，很多学生习惯了传统的面授教学方式，而不适应当前的各种教育技术。

（五）传统文化缺失

长期以来，各层次外语教育过度倚重语言的工具性学习，社会上已经形成了过分重视分数高低、忽略对学生德育培养的倾向，忽略人文教育。高校英语教学内容中人文性教育内容较少，导致英语教学中的人文教育失去了内容支撑。并且外语教学仅仅围绕西方文化，中国文化的相关内容长期处于被忽视状态。在应试教育目标的指挥棒下，教师的中国文化意识薄弱，将培养学生的英语应用能力看作唯一目标。另外，从人才培养的角度来看，我国师范类高校英语专业学生缺乏对中华文化的学习，对中国传统文化缺乏系统的了解，这直接造成英语教师的中国文化修养的缺乏以及中国文化教学能力的低下。培养出色的国际化外语人才的前提，是教师首先要具备足够的中国文化素养。

第三节　信息化时代对高校英语教学的深刻影响

一、信息技术的内涵

当今社会已进入信息化高速发展的社会，信息和知识已成为推动社会发展的两大动力。信息技术（Information Technology, IT）已经渗透人们生活中的各个方面，并逐渐成为个体间进行交流、学习以及理解世界的一种基本方式。信息技术发展过程中的每一次飞跃都是人类文明史上的进步，其对推动社会的发展产生着重要的意义，并在教育领域发挥着巨大作用。基于信息技术的教育，不仅使教育途径和模式发生了重大变化，教育效率和质量也有了显著提高。

就信息技术的概念而言，目前人们多从广义和狭义两个方面来理解和解释。

从广义上说，信息技术指的是对信息加以处理与管理的各种技术的综合，其包含通信技术、感测技术、控制技术、计算机技术、智能技术等。

从狭义上说，信息技术指的是能够展现信息技术特点的一些技术，具体来说，主要可以从如下四个层面理解。

第一，信息技术可以被定义为信息与通信技术，主要是运用计算机对信息系统与应用软件进行开发与设计，包含计算机技术、传感技术等。

第二，信息技术可以被定义为3C技术，即计算机技术、控制技术、通信技术三者的合称。

第三，信息技术又可以称为C&C技术，指的是运用计算机技术获取、传递、分配、处理信息的技术。

第四，信息技术指的是应用管理技术，并在科学、技术等层面对信息加以控制与处理，实现人机互动。

通过对上述信息进行分析不难发现，信息技术的核心在于计算机技术，并且在其他技术的共同作用下，实现信息的获取与传递、转换与交流、检索与存储等。

二、信息技术的特征

近年来，随着网络技术不断发展，以计算机作为核心的通信技术逐渐在社会生活的各个领域应用，人类社会进入了信息时代。现代通信技术容量大，采用数字化模式，并且与网络技术、计算机技术融合。进入 21 世纪，通信技术必然向宽带化、智能化方向转化。整体来说，信息技术的本质特征主要表现为如下几个层面。

（一）智商的结晶体

信息技术基于大量的知识背景，通过高新技术研究，将知识与智力加以呈现。信息技术的物化状态就是信息产品，很多的高精尖人才对信息产品进行研发，在研发的过程中，这些人处于合作或竞争的关系。通过努力，这些人的研究成果逐渐深化，信息技术也不断向前推进，新的技术也在不断涌现，并且周期在逐步缩短。

当前，科技领域的各个层面都与信息技术有着密切的关系，如航空航天、生命科学、自动化技术等。其他科学研究也需要借助信息技术来推动自己的进步。也就是说，信息技术在整个社会的覆盖面越来越大。

可见，信息技术已经成为当前科技发展的核心部分，其不仅是先进生产力的代表，还从一定程度上对劳动生产率起着决定性作用。除了高精尖人员对信息技术进行研发，其他领域的研究也为信息技术的发展提供了方式与路径。

（二）短周期效应

一般情况下，信息技术的周期效应是非常短暂的。具体来说，信息技术的发展水平越高，更新的周期越短。在信息产品开发的初期，科技人员通过信息技术与网络，对自己需要的信息进行获取，在融入创造力的同时，加快产品开发的速度；在信息产品批量生产的阶段，信息技术同样为人们提供了信息化的手段，使产品形成的时间逐渐缩短。

比较来说，之前的信息产品，具有较长的生命周期，因此其使用的年份也比较长，有些甚至可以使用十几年或者几十年。现如今，由于信息产品的生命周期缩短，很多产品可能只能使用几年，甚至几个月。显然，信息技术更新换代的周期在不断缩短的原因之一即在于市场上产品的竞争力不断加大。

（三）投入较高

随着信息技术的不断发展，通信技术、计算机技术的结合为社会带来了一种新的革命。信息技术的主要内容在于信息的采集与处理、传递与复制、维护与存储等，其是集合了通信技术、计算机技术等为一体的技术。对于这一技术的研发，每一个环节都不能马虎，都需要较高的投入。

（四）风险较高

正是因为信息技术的高投入，导致信息技术也具有高风险，这可以从如下三点体现出来。

第一，信息技术的研究具有明显的不确定性。例如，某企业为了建立自身的信息管理系统，需要投入大量的资金，同时需要考虑企业的岗位情况，这样才能制作出与公司相契合的管理软件。但是，企业本身具有动态性特征，这就导致信息数据是非常不稳定的，这些不利层面会给信息系统造成崩溃和受损。

第二，信息技术从设计、开发到研发成功的概率一般都比较低。从综合层面来说，信息技术领域新产品研发的概率只有3%。换句话说，如果研发不成功，那么就意味之前的投入完全浪费掉。

第三，信息产品还会受到市场变化的制约和影响。

三、信息技术对高校英语教学的具体影响

（一）与传统课堂的碰撞与对接

1. 与传统课堂的碰撞

信息技术教育背景下的高校英语课堂与传统课堂的碰撞主要体现在教育理念上，当前的教育仍旧难以摆脱"应试教育"的枷锁，但信息技术教育背景下的高校英语教学却要求革除传统教育理念、教学方法上的弊端。下面就对这两点做具体论述。

（1）教学改革难以摆脱"应试教育"的枷锁。众所周知，在信息技术教育背景下，传统的教学模式已经与当今的课堂不相适应，但是面对毕业、就业压力，当前的高校英语教

学仍旧未脱离"应试教育"的枷锁。当前的高校英语教学要求学生要学会自主探究、自主预习、自主总结，同时培养自身学习的习惯与思维，要在教师的指导下体验概念与规律的探究过程，并在学习中培养求知精神。但现实是，在高校英语课堂教学中，很多教师主要侧重于讲授，对学生进行"满堂灌式"的教学，未能顾及每一位学生的接受与感受情况，使学生的主体地位丧失。也就是说，当前的高校英语课堂教学中，教师的教学思想还未根本改变。很多家长对于学生的考试成绩过分看重，却忽视学生整体素质的提升；教师也未考虑学生的全面发展与终身发展，一味地追求成绩，导致课堂教学主要以知识传授为主，教学过于机械化，搞题海战术，这就很容易让学生丧失探究能力与解决问题的能力。因此，如果不对传统教学观念与方式进行改变，包含信息技术教育背景下的高校英语教学在内的任何教学形式都很难进行到底，教学大纲的要求也就很难实现。

（2）信息技术要求革除传统教学理念、教学方法上的弊端。由于应试教育理念的存在，很多高校英语教师在教学理念与方法上存在着某些问题，这对于他们自身的专业发展是非常不利的，也会影响学生的全面发展。具体来说，这些问题和弊端表现如下。首先，教师将教学视作教学目的实现的一种方式和手段。教学是传输知识的过程，因此教师只关心对教学手段的研究，而并未探究教学的目的何在。其次，教师认为教学是教师教与学生学的拼接，教师将书本的知识教授给学生，学生被动的接受，这如同将知识灌输给学生一般，学生只是接收知识的容器。最后，教师在教学中忽视了学生主观能动性的发挥，缺乏与学生进行互动，也缺乏让学生与其他学生进行互动。可见，传统的教学模式下的教学阻碍了学生人格的全面发展，使学生成为应试的机器，这样的教学与教学目的就相背离了。因此，信息技术教育背景下的高校英语教学要求教师对教育观念进行改变，而他们是否愿意改变，是必须解决的首要问题。此外，这种教学模式还需要教师具备一定的信息素养，要不断在知识的海洋中充实自我，要不断发挥自身的气场对课堂的节奏与进度加以控制，要有宽广的视野来引导学生探索更大的世界。

2. 与传统课堂的对接

虽然传统课堂教学有着明显的弊端，信息技术教育背景下的高校英语教学的优势也凸显出来，但并不是说要完全舍弃传统课堂，而是要求二者的完美对接。具体而言，主要从如下几点着眼。

（1）学校作息时间安排问题。信息技术教育背景下的高校英语教学需要学生花费很多的课后时间展开自主学习，要求教师在教学时间上进行合理安排。在信息技术教育背景下的高校英语教学中，教师不应该占用学生过多课余时间，应该让他们能够有时间展开自主学习。学生在课后的主要任务就是观看教学视频，进行针对性练习。

（2）学科适用性问题。目前，国外很多的信息技术与高校英语教学结合的实践都是针对理科来说的，理科具有明确的知识点、概念等，教师只需要讲好一个公式、一个例题就可以，因此这一模式容易实施。但是，对于文科来说，其讲授的内容比较广泛，需要师生之间展开思想、情感上的交流与沟通，因此这对文科类教师提出了一个大的挑战。这就要求教师不断提升教学视频的质量，通过教学视频，将所要简述的知识点进行概括，将相关的理论加以阐述，让学生在课后查阅相关资料，主动思考，然后在课堂上与教师或其他学生进行讨论，深化对问题的理解。因此，对于不同的学科，教师需要采用具体的策略来实践信息技术与高校英语教学的完美结合，并从学生的反馈情况入手，对相应的教学情况加以改革。

（3）教学过程中信息技术的支持。信息技术教育背景下的高校英语教学的实施必然需要信息技术的支持，从教师对教学视频的制作、学生的观看等，都需要信息技术的参与。但是当前，网络宽带、速度等问题对我国各大高校开展在线教学有了一定的限制，因此在实施信息技术教育背景下的高校英语教学时，学校需要对这一问题加以解决。同样，在教学视频制作的质量上，教师也需要进行拍摄、剪辑等，因此需要一些专业人士的辅助，当然不同的学科有不同的风格，教师需要根据自身学科的特点来定。

（4）对教师专业能力的挑战。在信息技术教育背景下的高校英语教学的实施过程中，教学视频的质量、与学生展开互动指导、课前学习任务设计等都需要教师完成，因此要加强对教师进行培训。在提升他们专业理论水平的基础上，不断提升他们的科研能力，对学生的个体差异进行关注，并给予个性化指导。同时，在教师的技术素质上也需要进行培训，便于他们制作出生动活泼、丰富的视频资源。

（二）应用型人才培养的呼唤

近年来，国家号召地方高校向应用型高校转型，目的是培养出一大批的应用型人才，与应用型人才培养理念相适应，努力实现自己在社会发展中的价值与使命。在培养应用型人才的一系列改革中，任何一所高校如果不进行变革，那么就很难接近教育改革的核心，很难真正实现优质的教育。也就是说，改革势在必行。

培养什么样的人才，如何培养人才是当前高等教育思考的问题。实现人才培养与社会的对接，培养出高素质的应用型人才，是当前很多高校的必然选择。这一方案的提出是我国高等教育面对社会转型、面对产业升级、面对市场方式转变、面对严峻的就业形势，不得不做出的选择，其不仅有助于社会的转型与发展，还有助于实现人才的多样化发展。

1. 应用型人才的培养目标定位

对于应用型人才，一般认为有三个关键特征。

第一，具有人才的特征。即他们的素质较高、能力较高，具备一定的专门知识和技能，能够进行创造性的活动，为社会做出一定的贡献。

第二，具有应用型的特征。这一特征与学术型人才与技能型人才相对应，应用型人才主要面向的是基层，不仅具有扎实的基础与素养，还具有应用型的思维，具有较强的动手能力，善于运用自身掌握的知识，将理论知识付诸实践。

第三，具有创新型的特征。这一特征要求人才在富有变化的时代中紧随时代的步伐，必须开拓自己的视野，具有逆向思维与发散性思维，能够将自己的想法付诸实践。

基于此，在应用型人才培养目标的定位上，知识结构以"厚基础、宽口径、重应用、强创新"作为培养人才的基本原则，强调学习的目的就是在于会应用，突出新技术、新理论等在行业中的灵活运用。能力结构侧重指挥、组织等应用能力的训练与培养，凸显创新精神与创新意识等。人格结构强调要具有强烈的探究欲望，具备高度的团队合作意识等。

为了更好地培养应用型人才，教师不仅要对当前社会经济发展的需求有清晰的认识，还要对未来的发展走向予以明确，为学生拓展就业之路、创业之路，为他们未来的职业规划考虑。

面对当前国家经济转型与接轨的需求与特征，教师要以能力本位的学习作为着眼点，积极探索培养全新的应用型人才。不仅对学习方式、学习内容等进行改良，努力将学生的学习兴趣激发出来，帮助学生掌握扎实的理论知识，使他们具备较高的应用能力与专业素养，还要使他们能够采用科学的思维方式进行学习与管理，在开放的环境下有自己的坚守，不盲从，抒发自己的创新简介，在竞争中求得生存与发展。

面对未来的不确定性，教师们也在不断地进行思考。随着信息技术的发展，如何为学生规划更好的未来呢？当前，人与人之间的竞争越来越激烈，一些岗位可能会消失，那么什么样的人不会被社会淘汰呢？教师在高校阶段需要教授给学生什么呢？这些问题都是值得教师思考的问题，教师应该研究他们的适应能力以及他们的核心素养，不断培养他们分析问题的能力，让他们在浩瀚的知识海洋中学会学习、主动学习，学会终身学习，教师要教会他们面对复杂的环境应该作何选择，应该如何把握时机，从而使自己更好地融入社会，超越自己。

2. 应用型人才培养对课堂教学的要求

为了能够培养出高素质的应用型人才，为了能够让学生将知识转化成现实生产力，有些教师对课程体系进行了一系列的调整，支持学生可以对自己的专业进行自由选择，鼓励学生进行创新活动。课堂作为学生学会知识的主要渠道，是体现学校办学理念、实现人才培养目标的主要阵地，是不断创新与改革的据点，理应向应用型人才的培养方向转变，快速做出反应。具体来说，需要从如下三个层面着眼。

（1）从教学内容上说，不过多地追求逻辑是否严密、定义是否准确，不侧重对知识的发现与整理、理论的争鸣与演变，不局限在教室与教材上，而是要与学生的生活与专业贴近，抓住该领域知识的前沿，对成熟理论要点有清楚的认识与应用。

（2）从教学方法与手段上说，要求实行生成性的教学观，让学生运用感官与实践，对自己学习中的问题进行有效的解决，推动学生从自身的经验背景出发来理解与认识知识。注重课堂教学方式要多样化，具有灵活性，采用模拟教学法、案例教学法等方法，创设教学情境，引导学生对专业知识进行灵活的应用，利用理论与技术对问题进行解析，培养学生的实践应用能力。采用探索性教学、启发性教学等方法，引导学生进行探索，培养学生的创新性思维。综合运用现代技术与手段，满足学生个体的需要，促进学生多元能力的发展。

（3）从时空维度上说，教师要不断拓展课堂教学的时空，拓展学生学习与训练的时空，让学生跟随专业的最新动态，获得更多、更真实地参与操练的机会，帮助学生实现自主学习、研究学习。

（三）对高校英语课程相关要素的影响

1. 对高校英语教师的影响

在信息时代，信息技术的广泛应用对高校英语教师有巨大的影响，具体表现如下。

（1）信息技术对高校英语教师的最大影响在于学生获取知识途径更加多样化，高校英语教师不再是学生的教学信息的唯一来源。

（2）新时期，新的媒体和技术的应用对教学观念、方式和手段也带来了极大的冲击，对高校英语教师的教学过程影响显著。

（3）信息技术在高校英语教学中的应用对教师素质能力的提升有重要作用。将现代信息技术融入课堂中，可以优化教学方法、提高教学效率。但是，由于学生选择学习的时间、内容等具有灵活性和自由度，很可能会导致学习的失控。从传播学的角度来说，高校英语教师不仅是教育信息的传播者，更是把关人，因此应该还考虑课堂实际情况，对信息有针对性地选择，科学调配教学过程。

2. 对高校生自身学习的影响

（1）高校生是现代教育技术发展的最大的受益者。现代教育技术提供的个别化、网络化的学习方式，可以使高校生根据自己的特点和水平选择合适的学习进度，在轻松的环境中学习，享受真正的"教育平等"。

（2）信息技术的应用改变了高校生获取信息的途径，改变了高校生的基本听、说、读、写的方式，学习者具备了更加自由化、多样化的表达方式。

（3）信息社会，任何一名学习者都必须具备一定的信息素养，具备独立的终身学习能力。现代教育技术不仅对教师的教学能力有较高要求，对高校生的自主学习能力也有较高的要求，要求高校生具有信息社会要求的观念、意识和现代教育技术能力。

此外，信息发展对教学的影响不仅局限于上述几个方面，信息发展还推动了教育现代化发展，推动了教育教学的改革，现代化的教育教学是以培养创造型人才为目标的新型的现代教育体系。信息的发展通过信息技术影响教学，不仅体现在教学物质基础、教师与学生"教"与"学"的影响方面，还间接促进了教育思想现代化、教育内容现代化、教育管理现代化。

3. 对高校英语课程资源的影响

信息技术的发展与应用推动了优秀学习资源的共享，学校、公益组织、个人都参与到教学资源共享的过程中来。当前，通过信息化技术的共享类高校英语教学课程资源主要有以下几类。

（1）CORE。CORE 是指中国开放式教育资源，是中国优质教育资源的世界推广。CORE 充分借鉴与吸收了美国麻省理工学院、耶鲁高校、牛津高校、剑桥高校等世界一流高校的优秀开放式课件、先进教学技术、教学手段，通过教育创新，不断提高我国的教育质量，并将我国学校优质的教育资源向全世界推广，实现优质教学资源的积极交流与共享。

（2）OOPS。OOPS，即开放式课程计划，是将国外一流高校的开放课程翻译并制作成中文课程，面向我国的师生授课，使我国师生能更好地享受到优质的教学课程。

（3）OCW。OCW 是 Open Course Ware 的简写，是世界优秀学校教育资源的全球共享，这些学校将本学校所开设的全部课程的教学资料与课件在网上公布，以便全世界范围内有需要的人下载参考学习。

（4）网易公开课。网易公开课是通过视频免费分享国内外著名学校的公开课程，如 OCW 翻译成为中文的课程。

　　现代教学媒体和信息技术在高校英语课堂教学中的应用越来越普遍，这些媒体和技术的使用对教育过程、教学过程、教学方法和手段均产生了深刻影响。课程资源的共享是信息化给教学带来的一个最显著的改变。为了推广和普及信息化教学，我国开通了"校校通工程"，使全国 90% 左右的独立建制的学校能够上网，共享网上教育资源，在提高学科教学质量的同时，也为教师的再教育提供了条件。

　　在网络信息时代，个人、教育机构、学校与外界进行不同层次的信息沟通、信息获取、信息利用、信息共享，实现信息技术与教学的有效整合，促进了教学的发展，也促进了教师与学生的发展。

第二章

信息技术与高校英语教学的融合

第一节　信息化时代下高校英语教学的研究背景

一、信息技术的发展

（一）信息技术的不断发展

第三次科技革命带来了信息技术的飞速发展，引发了新的技术变革，对社会发展产生了深远的影响。当今社会处于数字化、信息化时代的转型时期，新技术的快速发展和广泛普及对人的发展提出更高的要求。在这个时代的转折点和关键点上，我们需要重新审视教育制度和教学模式，思考如何在教育教学中充分利用现代技术并最大限度地发挥技术的有效性。处于信息化潮流中，教育目的之一必然包含能积极主动地处理信息、提高信息处理能力，即信息的获取、分析、加工等方面的能力，具备信息素养。

信息技术对教育的各个方面、各个环节都会产生颠覆性的变革，它正在改变我们的学习习惯和学习方式，也在改变学校的教学模式。我们没有理由不转变教育观念，重新审视教育技术，从不同的视角积极主动地探索信息革命下如何进行教育变革，如何在教育中充分利用现代信息技术促进教育的发展。

（二）教学亟须变革

在工业革命之前，学徒制一直是最主要的教育形式。学徒制强调的是现场教学、个别化教学和代际间口传手授，教学发生在真实的工作场所中，徒弟在师傅的指导下学习和实作。学徒制培养出了具有高超技术水平的技艺人员。

工业革命的兴起使工厂的规模扩大，这样就亟须大量的具有一定知识和技能的劳动力。近代资本主义的兴起要求广泛普及教育，扩大教育规模，提高教学质量和效率，迫切要求在短时间内培养出大批受过良好教育的劳动者。然而传统的学徒制难以满足这一需求，班级授课制这一新型教学组织形式应运而生。班级授课制是一种以班级为单位，由教师按照固定的课时表安排，向固定的学生教授统一内容的教学组织形式。捷克著名教育家夸美纽斯在其著作《大教学论》中首次对班级授课制从理论上加以系统论证，使班级授课制确定下来。后来，德国教育家赫尔巴特对其进行了补充说明，使其进一步完善。

分析班级授课制的基本特点，可以从中看出其顺应了工业革命之需，自创立以来，一直持续至今，依然发挥着非常重要的作用。

第一，班级授课制有利于学生在有限的时间里掌握大量系统化的知识。

第二，教师可以进行"一对多"教学，可以大规模地向全体学生进行授课，提高了教学效率。

第三，班级授课制按照"课"确定统一的教学进度和学习要求，在教学中管理学生按照统一的步调执行，教学管理更为高效。因此，班级授课制能高效地培养大量的人才，迎合了工业革命对大量劳动力的迫切需求。

信息革命不仅要求我们具备一定的专业知识和技能，还提出了更高层次的发展要求，如熟练掌握信息技术，学会及时处理应急事件，拥有不同于他人的独特创想，能自主学习新鲜事物，敢于探索求知等。因此，信息革命对教育提出了更高层次的目标要求。然而，传统的班级授课制教学组织形式已经难以充分满足这一要求。

信息革命带来的新型理念冲击着人们的思维，提出的新要求促使人们适时做出改变，终身学习和自主学习在当下备受关注。人人都应该接受终身教育进行终身学习；人人都需要积极自主地有选择性地进行学习，以适应时代的发展和满足自身的发展需要，从而更好地实现自我价值和获得完满、丰盈的生活。

第一次教育革命发生在从农业社会到工业社会的转型时期，在工业革命的助推下，教学组织形式由学徒制过渡为班级授课制。第二次教育革命已初见端倪，在信息革命浪潮的助推下，教学组织形式由班级授课制向终身学习、自主学习发展。通过简要梳理教育发展的历程，我们可以看出教学组织形式由手工学徒制到班级授课制、再到现代的终身学习、自主选择学习的发展趋势。

二、数字化时代的形成

美国著名的新闻和媒体经营大亨鲁伯特·默多克曾经在一次演讲中说道："在座的各

位,都不需要我告诉你们,人才和科技怎样使我们的生活变得更加富有和多彩。不管我们到哪里,我们都可以看到电子科技给生产力带来的进步。科技也创造了比以往更多的工作机会,同时把我们从时间和空间的局限中解放出来。"

以信息技术为枢纽的数字信息化形式是当前世界经济转型的典型表现,在信息技术冲击下,"未来的社会将逐步向扁平化演进",在这种扁平化趋势影响下的全球分散式信息,将会形成一种新的基础设施。因此,未来"每一个人都必须具备理解当今全球性知识的基础技能"。可见,以互联网为支撑的产业革命让科技生产者处于创新型人才链的源头位置。具有丰富的知识构成、能自我获取新兴科技和探索未知领域的创新型人才成为这个时代的领军人物,这些人才是在互联网上能灵活运用各种科技知识的综合型人才。

在讨论全球教育改革如何满足行业对新型人才的需要时,有学者认为"之所以当前以新自由主义为主导的经济理论日渐盛行,各国不约而同围绕经济展开激烈竞争,这都与新的信息技术发展密切相关,正是新的信息技术发展才使'产生知识、信息处理与沟通技术'成为生产力的来源,对教育创新更是在全球范围内迅速更新了原来的模式"。在教育领域,信息技术带来了个性化、智能化、定制化等新的学习理念,从而推动了新的学习方式的产生。新的人才培养将以新技术与信息技术融合创新为手段,注重人们的学习能力发展。这不仅是顺应社会的发展,也是满足人类全面发展的需要。

(一)数字化与学习方式的变革

1.学习方式

传统的学习方式主要是教师对学生的单向传输过程,学生需要在规定时间内按照统一要求达到测试要求,学习路径呈同质和线性发展趋势。而今,信息技术让知识以网状化状态进行传播和应用,具有强烈的时效性和前沿性。这些碎片化的知识点来源于人们任意时间的意见表达,学习者用多元化思维思考。学习内容不再局限于教材,获取知识的途径和时间更趋个性化,真正实现了"以人为本",成为构建学习型社会的重要组成部分。信息技术创造了跨越时空的扁平化交互式教育平台,消除了全世界人们之间的距离。新的学习结构由传统金字塔型转变为分散网络型,围绕即兴的目标进行随时信息交流,使教育与世界交融。从这种意义上说,信息技术体现了为任何人在任何时间和地点的人类需求提供服务的价值取向,这种跨越为全球化学习打下了坚实基础。基于不同领域新技术的个体组合所形成的交互平台,见证了人们通过互联网形成的交叉知识链接的协同学习结构。

2.学习环境

新形势下，学生的学习环境已从教室延伸向对全球。从课内到课外，从学校到家庭，从国内到国外，传统的面对面的师生讨论实现了可扩展和可选择的大教育状态，突破了师生间传统的主从关系，对教育改革具有深远意义。以互联网为代表的信息技术让移动学习、微学习、泛在学习等一系列数字化学习得以实现，开拓了教育的多种渠道。这些渠道使人们之间的同步与异步交流成为可能，不断消除着人们与教育环境的距离，"刺激了教育者去拓展新的学习环境设计"，使"时时、处处、人人皆学"成为现实，从根本上营造出前所未有的全新学习环境。资源共享、多重交互、自主探究、协作学习等具有的智能化、快捷化、超链化等特征使学习者感同身受。客观世界的一切变化过程，为人们提供了"技术、环境与人"相互协调的教育生活空间，使人的生命本质在教育生活中得以彰显。

教育发展的历史与现实表明教育的终点就是要回归生活。马克思曾指出，"人们的存在就是他们的实际生活过程"，教育的本质就是人的生命实践。从这种意义上说，信息技术让教育环境获得了工具性、生活性和文化性的多重诠释，使信息技术拥有了人类和社会的生命和文化等多种价值取向，贴近了生活，也走向了更加具体的生命实践，使生活和学习融为一体，形成了一种高度智能的信息化学习生态环境。

（二）数字化与教学方式的变革

古希腊时期苏格拉底和柏拉图采用话问法或辩驳式提问法教学；洛克认为教师对儿童实施形式教育要有坚实的经验基础，通过经验教学使儿童掌握深层次的概念；裴斯泰洛齐创设了"实物教学"；从儿童身心发展角度看，教学的卢梭对爱弥儿的教育采用了自然教育的方式。上述教学理论和方式，没有随着时间而消逝，而是在不断改进中为我们所采用。随着科学技术的不断发展，教育理念也在不断更替。从以往的以教师为中心到后来的以学生为中心，从以往单一的课程到现今多样的课程选择，从以往的死记硬背到现今的个性化发展，无一不体现着教育的与时俱进。在科技如此高速发展的今天，以往的教学方式和技术已经不能满足现今学生的需要，因而改革势在必行。

在多媒体技术还未产生时，教师在课堂上教授知识一般采用口头描述或在黑板上记录的形式。但这种方式不能很好地将教师所讲的知识清晰、全面、深刻地传递给每位学生。有时，教师为了讲解一个数学公式的由来，需要写上满满一黑板，耗时较长。随着多媒体技术在教育中的应用，教师在讲课时将知识以"数字化"的形式存入电脑中，再通过多媒体教授给学生，使学生更为直观地了解这一知识。另外，远程教学也是教学方式的一大新突破，它使每位学生都可以通过网络学习到优质的教学资源，如网易公开课。国外很早就开始采用如函授教育的远程教学方式，突破了时空的局限，使优质的教学资源可以在更广的范围内为大多数学生所共享，实现了优质资源的效益最大化。

教学方式在教育过程中起着至关重要的作用。在英语教学中，英语教师教学方式的优劣，直接关系到学生对外语知识学习的优劣。教师需要借助现今的数字化技术为自己的教学增姿添彩，不应固守前人的教学方式一成不变。事实上，这并不是对已有教学方式的冲击，也不是摈弃陈旧的教学方式，而是在原有的基础上进行一些变革，使之能更好地适应现在的社会。众所周知，我们现在已处于信息化时代，因此教学也应该具备这一时代的特征。

（三）数字化时代教学变革的困境

数字化时代对英语课堂教学来说是一次千载难逢的机遇，也是一场空前的挑战。因为在数字化背景下，我们在英语课堂教学实践中遇到了诸多现实困境，亟待我们逐一解决。

1. 传统教学手段的缺位

自从现代信息技术被引入课堂教学领域，人们便纷纷追求教学的现代化取向，甚至产生了对现代教学媒体的过度依赖。较为严重的现象是当前很多教师只有在现代教学媒体辅助下方能完成教学，如经常有教师反映，由于停电而不能上课，因为忘记带 U 盘而无法借助课件进行正常教学。

显然，这种对现代教学媒体的过度依赖反映了现实教学的另一个极端现象，即传统教学手段严重缺位于现代课堂教学中。事实上，传统教学媒体，如书本、黑板、粉笔、挂图、画册、模型、实物、小型展览等在教学上具有很多优势，也是现代教学媒体没法替代的。例如，粉笔加黑板的板书式教学在凸显教学直观的同时兼顾师生间的有效互动，这是多媒体教学无法替代的。教师可以通过对板书速度的控制，调整对学生的管控。这种直接互动方式不仅能很好地吸引学生的注意力，还能留给学生足够的思考空间。况且，良好的板书设计也是体现教师魅力的关键所在。

传统教学媒体具有很多现代教学媒体所不及的优势，如成本低、方便移动，在教学运用中对教师和学生的技术性知识的要求不高，适应性强，易于操作。正如有学者所言，在选择传统教学媒体时，对学生、教师、教学条件、媒体特征、媒体效益等因素考虑较少，而在选用现代教学媒体时这些是必须充分考虑的。

2. "手脑"并用的机会减少

数字化时代，由于计算机的广泛运用，人们的手写功能逐渐被键盘输入所代替，造成人们"手脑"并用的机会逐渐减少，不利于学生的健康发展。根据神经学的相关研究，写字是一个复杂的功能，依赖于一个庞大的神经系统网络。普兰汀等人对1995—2012年使用脑功能性磁共振成像（Functional Magnetic Resonance Imaging，FMRI）和亚电子发射计算机断层扫描（Positron Emission Tomography，PET）方法涉及写字过程的18篇论文进行了分析，结论确认了"书写脑"的存在。然而，在数字化的今天，文字的输入方式从手写到键盘输入的简化，不得不说人类正面临一场书写危机。危机一方面表现为人的"手脑"并用的机会减少，"书写脑"的功能得不到很好的发挥而逐渐削弱；另一方面，由于键盘输入简化了人们手写汉字时所特有的对汉字内部结构的复杂的处理程序，在很大程度上丢掉了汉字更多丰富的表意性的信息。

3. 虚拟世界的道德缺失

数字化的典型特征就是为我们构筑了一个超越现实的虚拟世界。英语课堂教学中，师生的互动场所从现实的基于教室的课堂延伸至超越现实的虚拟课堂，

师生之间的互动模式从直接的"人—人"互动模式发展为"人—机""机—人"或"人—机—人"等多种互动模式。在这个英语虚拟课堂中，英语教师或学生的主体性和自由度受到了超现实的膨胀。因此，人的道德意识和道德情感在这个虚拟课堂中无法得到保障。有学者在研究数字化背景下大学生的人文素质时直接指出："学生在网络中隐瞒自己的真实身份，创设虚假角色，容易造成信任危机。一旦学生处在这种具有非社会性的和道德感隐蔽的网络氛围之中，就会缺乏道德感和责任感，造成'精神真空'和'道德真空'，最终将导致人格的扭曲。居高不下的网络犯罪，层出不穷的反科学的、不健康的信息污染，令人胆战心惊的电脑黑客等，都让人们深切意识到数字化时代的人文危机。"

4. "真"与"假"呈乱象趋势

在数字化时代所设计出的虚拟世界的明显特征就是"真"与"假"并存。"真"是因为它是源于现实的，是对现实存在的经验化的结果，其存在的本质是"借助'数字化'构造一个'真实'虚拟的而非想象、虚假的信息传播与交流的平台"；"假"是因为它与现实并非同步，它是对现实存在的虚拟仿真。这个虚拟世界所不可规避的"真""假"乱象趋势，在具体的英语课堂教学中则主要表现在三个方面：一是教学内容的虚拟化。数字化时代的英语课堂教学总是习惯于将真实的客观知识经验转化为虚拟世界的"真实"存在。比如，模拟自然灾害中自救、大火中逃生等，虽然类似的教学内容是虚构的，但是反映的自然规律是真实的，达到的教学效果是真实的、合理的。二是师生间的互动交往融入了虚拟存在的媒介。在数字化时代，师生间的互动交往活动早已经超越了面对面的交往，而是将

真实的人际交往行为经验化为虚拟存在并延续到虚拟世界里持续进行。三是教学场景的虚拟化。数字化已经发展到有足够的实力设计一个完全虚拟的英语课堂场景，就某个真正的现实问题进行课堂讨论，实现在真真假假、虚虚实实中完成英语课堂教学任务。

（四）数字化时代英语教学变革的新机遇

数字化时代的到来，为教育事业的发展带来了翻天覆地的变化，尤其给英语课堂教学造成了极大的影响和冲击。由于数字化的影响，传统的师生之间以教科书为媒介的简单的互动模式已经不能满足当前信息潮下的实际需要，数字化的引入也为英语课堂教学开辟了诸多从未涉及的新领域。当然，这种影响和冲击既是英语课堂教学研究与发展的历史机遇，又是英语课堂教学改革与创新面临的新挑战。其面临的历史机遇主要表现在下列六个方面。

1. 激起了英语教学理念的创新

英语教学理念是英语教师在英语教学实践中形成的对教学的基本观点和根本看法，以及在此基础上形成的相对稳定的思想和观念体系。英语教学理念至少包括三层意思：

第一，它是一种思想观念，即不同于人们的具体教学实践的一种主观认识体系。

第二，它源于英语教学实践，由英语教师在教学实践中不断概括而成。

第三，它是对有关英语教和学活动的内在规律的总体认识。可见，英语教学理念的发展与变化总是基于人们的教学实践的发展和变化。数字化的引入对现实的英语教学活动提出了诸多新的要求，如数字化背景下英语教师必须会操作电子产品，能认识和接受从现实世界到虚拟世界的变化等。这必将引起旧的英语教学理念与新的英语教学条件不相适应，在没办法抵制数字化所带来的新的具有绝对优势的教学条件的诱惑时，我们只能从观念认识上改变自我，改变我们对待教学活动的态度，即变革和创新我们的英语教学理念。

2. 突破了英语教学思维的"瓶颈"

英语教学过程作为一种认识活动，是人们的思维逻辑过程逐渐展开的结果，这就决定了英语教学思维在教学活动过程中的决定性意义。这里的英语教学思维是指师生基于英语教学实践活动而引起的，关于英语教和学活动的各种思维方式、过程和结果的总和。显然，数字化时代的到来，为师生的教学思维开辟了一片新天地，拓宽了英语教学思维的对象世界。在英语课堂教学领域，人们原有的关涉课堂教学活动的思维方式发生了根本性的变化。由于数字化世界所构筑的赛博空间里的存在是基于现实而又超越现实的存在，因此导致了认知思维同样可以在源于现实而又超越现实的情境下无限制地遨游于赛博空间。

3. 超越了英语教学时空的局限

在传统意义上，基于对空间的认识，英语课堂主要指进行教学活动的教室；而就时间而言，英语课堂则是持续 40 ~ 45 分钟的教学过程。在数字化时代的今天，英语课堂教学有了新的定义，教室不再是学生接受知识的唯一场所。比如，翻转课堂颠覆了传统课堂中接受知识、课后消化知识（通过作业复习巩固）的模式，将学生接受知识的过程提到课前，由学生自主学习完成，课堂中则通过探究、讨论等方式解决学生接受知识过程中所遇到的种种困难。

因此，数字化背景下的英语课堂教学不再是向 40 ~ 45 分钟或者 50 分钟要质量，而是充分利用现代教学媒体的优势，帮助学生从广大信息潮中寻求需要的信息。更重要的是，在数字化背景下，虚拟世界使诸多现实英语课堂教学中无法实现的教学活动得以实现。因此，数字化时代的英语课堂教学已经在空间上超越了教室的局限，跨越了现实的界限，通过网络技术融入虚拟世界；在时间上超越了传统意义上的 40 ~ 50 分钟的局限，如翻转课堂的"先学后教"模式，把学生的大量时间转移到了课前的学习准备上。

4. 引起了英语教学结构的变化

英语教学结构是在一定的教育思想、教学理论、学习理论指导下，在某种环境中展开的，由英语教师、学生、教材和教学媒体相互联系、相互作用而形成的英语教学活动进程的稳定结构形式，它将决定英语教师按照什么样的教育思想、教学理论与学习理论组织教学活动进程。从传统的英语课堂教学结构来看，主要有以教师为中心的教学结构、以知识为中心的教学结构和以学生为中心的教学结构。随着数字化时代的到来，英语课堂教学结构主要从以教师为中心和以知识为中心的教学结构形式，转向以学生为中心的教学结构形式。陆志平在《数字化时代的课堂重建》中论述，在数字化时代里，课堂教学正由辅助教学转向"E 学习"（如翻转课堂的"先学后教"模式）。在英语课堂教学的教师、学生、教材和教学媒体这四个要素中，计算机辅助教学模式所支持的是英语教师在教学媒体的作用下教教材，即通过信息技术把知识传递给学生。可见，计算机辅助教学模式是支持传统教学模式的。在数字化环境下的"E 学习"则是以学生为中心的，即教师和信息技术都作为学生直接面对知识的媒介，其中，英语教师起指导和帮助作用，而信息技术起支持和辅助作用。

5. 实现了英语教学方式的变革

数字化时代改变了传统的"粉笔 + 黑板"式的英语教学形式，实现了现代化教学手段支撑下的"虚拟 + 现实"的新型英语教学形式。在传统英语教学中，由于条件的限制，主要使用的教学方式是讲授式、讨论式、问答式、表演式等。而在数字化背景下，英语课堂教学方式有了诸多新的变化。为了适应数字化教学环境的需要，英语教师在探索教学方式时，离不开计算机网络技术的支持。有人甚至认为，没有融入现代信息技术的课堂是不合格的课堂。可见，数字化时代的英语教学方式的变革与创新的核心是对现代信息技术的充分运用，或者说是对现代信息技术的依赖。在现代化信息技术的支持下，英语课堂教学方式的变革维度至少包括三个方面：一是信息技术的运用推进了英语课堂教学方式在质上的变化，如师生之间的直接对话中介入了一个虚拟场景，这种虚拟场景能避免很多教学交往中的尴尬局面；二是信息技术的运用实现了英语课堂教学方式在量上的变化，如可以通过云技术进行多面展示，通过技术设计开发教学软件，通过网络平台实现英语在线学习和咨询等；三是信息技术的运用实现了时空维度上的拓展，即促进了英语课堂教学方式在结构形态上的变化，传统英语课堂教学主要采取讲、听、练、考等单向推进的方式，而进入数字化时代后英语课堂教学主要采用自主、合作、探究等方式综合进行。

6. 改变了英语教学评价的方式

数字化时代的英语课堂教学不仅在教学理念、教学思维、教学时空、教学结构和教学方式等方面存在一系列的变化，在英语课堂教学评价上也存在变化。在英语课堂教学评价上，数字化信息技术的运用使英语评价的方式更加开放、多元。在数字化时代里，引起英语课堂教学评价发生改变的原因是多方面的，概括起来大致有两点：一是传统的英语教学评价方式已经不足以适应新型课堂教学结构的变化。在现代化信息技术的支撑下，英语课堂教学引入数字化的虚拟世界，这不是简单的考试和分数所能涵盖的，而是需要借助现代化信息技术进行精确的数据测量和分析，如虚拟仿真实验的引入和运用等。二是随着现代化信息技术的运用，大量新型社会评价方式逐渐为师生所青睐。比如，有学者就建议："日常评价可以引进投票、关注、粉丝、网评等网上通行的、学生喜闻乐见的评价方式，改变分数和排名的简单做法。"

当然，我们在英语教学过程中不能盲目地选取和运用这些新型社会评价方式，必须遵循一定的原则。首先，应该遵循新型社会评价方式的教育性原则，即引入新型社会评价方式的目的是促进学生身心的和谐、健康发展，而不是为了赶时髦。其次，应遵循综合性原则，即这些评价虽然在一定程度上能吸引学生的注意，激发学生的学习兴趣，但往往优势也隐藏着自身的不足，如网评本来是一件方便快捷的好事情，但由于缺乏面对面的交流而可能导致评价的虚假和恶搞等。因此，必须综合多种评价形式，取其均值，以将评价中由于个人偏好而造成的不真实成分控制在有限范围。最后，应遵循人文关怀性原则，即评价方式的修正性原则，当我们在运用现代新型社会评价方式进行评价时，必须考虑教学实际，顾及个体感受，不能因为评价而伤及某位教师或某个学生。

（五）数字化时代英语课堂教学变革的反思

1.切实转化师生的教学主体性角色

在传统英语教学条件下，师生之间的互动交往模式主要是基于现实课堂教学的"人—人"交往模式，有且只有直接面对面的交流。显然，在这种有限的条件下，英语课堂教学主要是以教师为中心或以知识为中心的教学结构形式，英语教师组织教学的目的主要是尽可能高效率地将知识传递给学生，学生则完全处于等待接受的状态，此外，英语教学资源也主要源于教材和教学参考书。随着数字化资源的引入，这种英语课堂教学结构发生了根本性的变化，英语教师不再享有对知识的绝对优势权，师生交往所借助的客观知识（教学内容）也不再局限于单一的教材，学生也不再是等待接受的被动学习者。这就需要处于英语课堂教学中的师生必须切实转化各自的教学主体性角色。

从英语教师主体角度来说，理应改变以"我"（教师）为中心的教学态度。开放、丰富的数字资源早已超越了教材的局限，学生获取知识的渠道也不仅源于教师或单一的教材。因此，英语教师应该做的是为学生获取更多知识提供方便，帮助学生在浩瀚的知识海洋里尽可能快速地获取需要的信息。

从学生主体角度来说，在这个丰富多彩的信息世界里，那种等待接受、被动吸收的"享乐主义"角色已经不复存在了。为了适应变幻莫测的数字世界，学生需要积极、主动地获取知识信息。

2.谨慎对待数字化时代的英语教学变革步调

数字化激起了当今英语课堂教学潮涌似的变化，但是变革不能一蹴而就，仍须循序渐进，谨慎为之。我们在认同和接受数字化时代引起的课堂教学变化的同时，需谨慎对待数字化时代诱发的英语教学变革步调。一方面，数字化世界淡化了我们对现实、对直接经验的亲历需求，虚拟数字世界所呈现的仿真经验往往是经过加工、处理、选择后相对完美的经验，很容易让涉世未深、缺乏辨别能力的学生产生虚拟世界的东西才是自己真正需要的错觉。另一方面，数字化世界所存储的大量信息在带给学生更多方便、快捷的同时，极大地增强了学生对网络搜索的依赖，而这正在默默地夺走学生独立思考问题的能力。正如有学者指出的那样："我们以为虚拟是真实现象的数字化再现，其实它是经过选择、加工的主观再现，它以貌似客观真实的方式呈现着主观、虚拟的内容。因此，无论是旧媒体还是新媒体，都不能天然地应用于教学，必须通过有目的的、自觉的改造，才能使其服务于教学。"所谓的谨慎为之，并不意味着不为之。虽然数字化世界变幻莫测、多姿多彩，使我们疲于应付、应接不暇，但也正是这种多样性、超现实性刺激了我们不断改革与创新的神经，使我们不得不自我调整而主动去适应时代的发展需求。因此，我们所指的谨慎对待数字化时代的英语教学变革步调，实质是想告诉大家既要"埋头拉车，更要抬头看路"。在面对虚实相济的数字世界时，我们不能一味地跟风，要紧扣英语教学实际，循序渐进地进行英语教学改革；我们应该极力克服畏难情绪，乘风破浪，勇于探索和创新，致力寻求英语教学改革与时代发展的切合点，深入教学实践，不断反思与总结经验，让英语教学实践成为衡量改革成效的根本标尺。

3. 着力匹配数字化时代教学变革的辅助系统

为全方位促进英语课堂教学的顺利变革，应从四个方面建设辅助系统：一是提高思想意识。数字化已经成为时代发展的必然趋势，我们应该清楚地意识到在此背景下，进行英语课堂教学变革势在必行，否则，英语课堂教学将难以满足数字化时代学生追求知识的强烈欲望。二是加强科学研究。面对数字化时代带来的英语课堂教学的机遇与挑战，既不能因为它是一次机遇就绝对信赖地往前冲，也不能因为数字化时代抛给英语课堂教学太多的挑战而畏缩不前。我们需要把握好变革的步调，有目的、有计划地进行英语课堂教学变革，加强对数字化时代英语课堂教学变革与创新的科学研究，防止课堂教学的改革被浸没在虚拟世界的陷阱中。三是注重实践探索。英语课堂教学变革不能跟风随雨、人云亦云，更不能只停留在纯理论的思辨与妄想中，而应该深入英语课堂实际，进行实践反思与创造，不断追求进步。四是拟定相应的政策文件。一方面赋予师生进行课堂教学变革的应有权利；另一方面制定相应的规章制度，既起规范之效，又有监督之力，从而确保英语课堂教学改革的顺利进行。

4. 重新界定英语课堂教学的时空概念

数字化时代带给英语教学的变化是显而易见的，尤其值得注意的是其引起了英语课堂教学在时空上的变化。在数字化时代，英语课堂教学正以非常快速的步伐从主要关注现实世界走向关注现实与虚拟相结合的二重世界。因此，若想全面深刻地理解当前的英语课堂教学，必须对英语课堂教学的时空概念做出数字化时代的重新解读。否则，传统意义上对英语课堂教学的理解必将束缚着数字化时代赋予英语课堂教学全新的意义。基于这样的思维逻辑，我们提出"泛课堂教学"的概念。只有在"泛课堂教学"理念的包容下，数字化时代的英语课堂教学时空观念才能有准确合理的定位，同时为大家思考数字化时代的英语课堂教学提供一种全新的思维视角，以激起大家更多的关注和思考。

第二节 信息技术与高校英语教学融合的优势

一、信息技术与英语教学释义

（一）信息技术的特征

近年来，随着网络技术的发展，以计算机为核心的信息通信技术（Information and Communications Technology, ICT）逐渐应用到社会生活的各个领域。这一技术的发展和成熟是信息社会发展的必然趋势，也是实现行业融合的必要选择。现代通信技术有数字化、容量大，并与网络系统和计算机技术相结合的特点。21 世纪，通信技术必然会向着更加智能化、宽带化、个人化、综合化的方向发展。综合来看，信息技术的本质特征突出体现在如下几个方面。

1. 智商的结晶体

信息技术依托大量的知识背景，通过高技术前沿的研究，将知识与智力通过密集型状态呈现出来。信息技术的物化体现就是消息产品。大批科技尖端人才和高素质人才群体展开对信息产品的研究与开发，他们在这一过程中形成了竞争与合作的关系。通过这些人的努力，信息技术得以不断进步与更新，新的信息产品不断出现，并且出现的周期越来越短。

目前，科技领域的各个层面都与信息技术的发展与应用密切相关，如生命科学、新能源、航天航空、自动化等。其他科学研究往往通过信息技术获取现代化的研究手段，促进自身的快速发展。随着网络、通信技术的发展与普及，信息技术在整个社会的覆盖范围超过了其他科技成果。

由此可以看出，信息技术已然成为当前科技发展的核心，其水平突出反映了人们认识与改造世界的能力，不仅代表着先进生产力，而且在一定程度上决定着劳动生产率的水平。除了高素质人才群体专注于信息技术的开发与研究，其他领域中的研究也在不断为信息技术的发展提出新的途径。在信息技术发展领域中，高智商人才的大量聚集，必然促进信息技术的飞速发展，从而将人类带入新的社会历史阶段。

2. 短周期效应

信息技术的周期效应很短。具体而言，信息技术的发展水平越高，信息产品更新换代的周期就越短。在开发信息产品的初期阶段，科技人员通过现代网络以及通信技术获取自己所需要的信息，在融入自身创造力的同时加快了产品开发的进度，极大地提高了产品的质量。在信息产品的批量生产阶段，信息技术同样为人们提供了现代化的生产手段，使得产品形成的时间缩短，如管理系统 MIS、计算机技术等的结合有效减少了产品生产的时间。

以前，一种信息产品的生命周期比较长，可使用十几年或者几十年，现在的信息产品生命周期大大缩短，有的只能使用几年或几个月。信息技术背景下产品更新换代的周期变化是很明显的，现代市场所具有的竞争力导致产品的短周期更具有竞争上的优势。就增长速度来说，信息产品开发周期越短，增长速度越快。

3. 高投入

在信息技术发展过程中，电子计算机、远程通信技术的结合带来了一场革命。信息技术的主要内容包括信息的采集、处理、传递、存储、复制、维护等，集计算机技术、通信技术、微电子技术于一体。对于这一技术的研制与开发，每一个环节都需要投入巨资。信息技术的高投入通常涉及三个方面的费用，即配置精密仪器、消耗尖端材料、复杂的开发活动。

根据相关统计数据可知，世界上很多国家在信息技术方面的开发上所投入的费用都很大，一般占到销售额的 5% ~ 15%，是其他领域的 2 ~ 5 倍。如美国 IBM 公司将公司营业总额的 18% 都投入信息技术的研发过程中，这也反映了信息技术自身在企业发展中的重要地位。

4. 高风险

信息技术研发过程中所具有的高投入特征导致其具有高风险，这主要体现在以下三个方面。

（1）信息技术研究具有不确定性。例如，企业为了建立公司的管理信息系统需要投入上百万元甚至几千万元的资金，同时需要考虑每个部门的岗位情况，把握信息流动的内在逻辑，进而设计和制作出适合本公司的信息管理软件系统。然而，企业自身具有典型的动态性特点，这往往带来信息数据的多变与不稳定，定型决策很难形成，这些不利因素可能会导致管理信息系统不同程度的受损或崩溃。

（2）信息技术从设计、开发到研制成功的概率比较低。综合来看，信息技术领域中新产品研发成功的概率只有 3%。换言之，信息产品开发不成功就意味着所投入的资金完全浪费了。

（3）信息产品受市场变化的影响，回报波动比较大。大规模甚至是超大规模集成电路制造企业的出现，导致很多旧产品制造企业被淘汰。从企业角度而言，信息技术企业的生存率远低于其他类型的企业。如此一来，信息技术所具有的高风险性带来了一种新的经营形式，即风险投资。

5. 高竞争

现在，信息技术是社会生产力水平的重要反映，不仅可以体现某一个企业的经营水平，还可以反映一个国家的综合国力，是政府、企业等关注的焦点之一。与传统竞争相比较而言，信息技术的竞争突出表现在掌握与利用信息技术上。

在信息技术的支持下，世界上的信息流量激增，这些给计算机和网络在加工、处理、存储、传递信息时带来了很大压力。在国际领域内，很多国家都将信息技术作为竞争的关键手段，各个国家在技术、人才、贸易、投资、货币等方面的竞争从本质上而言是信息技术的竞争。因此，在国际上，信息技术的竞争形成了美、日、俄国、欧共体及发展中国家多元并举的格局。

（二）高校英语教学

1. 对教学的理解

"教学"二字可溯源至商代。甲骨文已经出现了"教"字，如"丁酉卜，其呼以多方小子小臣其教戒"；也有"学"字，如"壬子卜，弗酒小求，学"，这就是迄今发现的"教""学"二字的最早书写形式。但"教学"二字连为一词，则最早见于《尚书·商书·说命》："教学半"。《学记》引用它作为"教学相长"思想的经典根据，特别用来说明"教然后知困""知困然后能自强也"。宋人蔡沈注："教，教也。……始之自学，学也；终之，教人，亦学也。"意思是说，一开始自己学，这当然是学；而学了以后去教别人，这也是学。这与夸美纽斯认为的"教导别人就是教导了自己"以及布鲁纳所说的"教，是最好不过的学习方式"论断差不多。但这些说法只指"教"的一方面的活动，还未包括教师的教和学生的学的双方活动，都还不是"教学"这个词通常的含义，实际上即使在今天，在我们日常通俗说法中，"教学"也通常就是指"教师的教"，如我们通常说某某教师的教学质量高，即是如此。

《学记》开篇就说："建国君民，教学为先。"这里"教学"一词可以解释为含有教者和学者双方活动的意思，但它的含义较广，与"教育"一词似乎是一个意思，所以，也还不是通常所说的教学。据有的学者考证，宋代欧阳修作《胡先生墓表》，说："先生之徒最盛。其在湖州之学，弟子去来常数百人，各以其经转相传授，其教学之法最备，行之数年，东南之士莫不以仁义礼乐为学。"其中"教学"二字，才是正式指教师"教"和学生的"学习"活动。从中国教育史来看，对"教学"概念的比较科学、合理的理解当源于此。

无论中外，"教"的基本含义是传授，"学"的基本含义是仿效。"教学"的基本含义是传授和学习。我国明末清初时的王夫之曾经作了一个简要的解释。他说："推学者之见而广之，以引之于远大之域者，教者之事也。引教者之意而思之以反求于致此之由者，学者之事也。"意思是说，教的工作就是不断增广学生的见识，学习就是认真思考教师教导。当代教育学界的专家、学者，在各自的教学论思想指导下，对"教学"提出了许多不同的看法，这说明"教学"这一事物本身是十分复杂的。

2.高校英语教学的内容

高校英语教学效果的好坏在很大程度上取决于教学内容的选择。在我国，教育部门对高校英语教学的内容选择十分重视，一直在研究与完善的过程中。

（1）语言知识。众所周知，想要掌握一门语言，必须熟悉这门语言的语音、语法、词汇、语篇、句法、功能等知识，这对于英语学习而言同样不例外。大学生掌握英语这门语言的前提就是学习这些知识，将这些基础知识牢牢把握好，并在此基础上提升自身的语言综合运用能力。英语与汉语作为两种存在鲜明差异的语言，中国学生必须形成英语思维，并利用英语思维学习英语，如此才能取得事半功倍的效果。

（2）语言技能。大学生在学习英语的过程中，掌握英语基础知识是基础，同时要在语言知识的基础上掌握更多的语言技能，包括听、说、读、写、译。

（3）跨文化交际。在学生已掌握的语言文化知识基础上，帮助学生了解中外世界观、价值观、思维方式等方面的差异，培养学生的跨文化意识，提高学生社会语言能力和跨文化交际能力。拓展国际视野，传播中华文化，讲好中国故事。

二、信息技术支持下高校英语教学的优势

（一）发挥学生主体作用

高校英语教学与信息技术的融合凸现了学生的主体地位，学生可以从自身的需要出发选择上课时间，并采用恰当的方法调控自己的学习进度，从而借助信息技术掌握知识。当学生在学习中遇到问题时，他们也会调整自己的学习速度，随时对问题进行解决与补充，

从而不断提升自己对知识的掌握程度。当学生在学习中感到非常容易时，他们也会提升自己的学习速度，这样便于掌握更多的知识，也可以进行测试与检验。

在这一过程中，学生能够正视自己的不足，巩固自己的语言知识，便于他们形成良好的学习习惯。同时，无论学生处于何处、什么时间，他们都可以运用各种教材与课件，查询、访问或者下载，这样帮助他们进行有针对性的学习。当然，如果学生在学习中遇到问题时，他们可以发送邮件与教师进行沟通，让教师为他们答疑解惑。因此，信息技术使学生清楚地了解自己的学习情况，发挥自己学习的积极性，促进自己的学习。

高校英语教学本身是一门能力课，需要通过训练将理论付诸实践。在传统的高校英语教学中，很多学生因为害怕或者自信心不足，导致不愿意在公共场合开口讲英语，在课堂上也不愿意回答问题，显得非常焦虑，这样的情况是非常常见的。但是，在信息技术背景下的高校英语教学中，学生不用担心这一问题，因为他们不是面对面的，因此学生会不断释放自己的焦虑，从而愿意回答与解决问题。

另外，由于信息技术在高校英语教学中的运用，为学生提供了一种交互式的学习环境，其中实现了文字与图片、动与静的结合，因此显得更为逼真，学生的学习也具有趣味性。

（二）转变学生学习的方式

学习方式是学生在展开学习任务时自主探究的基本认知取向与行为特征，其主要包含发现学习、接受学习、合作学习等。在新时代背景下，大学英语教师选择的教学方法一般是多种多样的，具有针对性与灵活性，这样也就推动了学生学习方式的转变，要求教学应该从学生的学习能力出发，符合学生的学习要求，这样才能培养出符合社会发展需要的应用型人才。具体来说，主要可以从如下四点考虑。

第一，倡导自主探究式学习，让学生自定节奏。具体来说就是学生在学习中要发挥自身的主观能动性，引导学生大胆接受挑战，挑战传统的识记性学习方式，让学生真正地学会学习，成为学习活动的主人，推动他们灵活地转换学习方式，在创造与研究中学习。

第二，推动学生开展团队合作式学习，即单打独斗的学习显然效果差，学生只有学会与其他同学合作、与教师合作，才能真正地弄懂知识，掌握技能。

第三，实施应用情境式教学，即关注学生在特定情境中的认知体验，通过新兴技术，为学生创设真实的场景，让学生主动参与其中，增强他们的认知能力。

第四，关注学生的在线学习与移动学习。由于网络技术的发展，学生的学习资源越来越丰富，这就给学生提供了学习的便利，学生可以打破时空的限制，获得教师或者其他同学甚至一些专家学者的帮助，从而在课外不断提升自身的语言能力。

三、信息技术与高校英语教学融合发展

（一）信息技术与英语教学的深度融合

高校英语是各大高校开设的一门公共必修课，也是一门应用性极强的语言课程。在高校英语教学实践中充分利用"互联网＋"带来的优势，为学生提供丰富、可视化的学习资源，创设交互、情景式的动态学习环境，大力借助现代教育信息技术更新教学内容、优化教学环境、革新教学模式、提升教学质量显得尤为重要。

传统的高校英语课堂，以"一间教室、三尺讲台、一支粉笔"为模式，教师是主演，学生是观众。这难以激发学生的学习热情、发挥学生的主观能动性，从而弱化了课堂教育的功能。此外，语言的社会交际功能决定着高校英语必然是一门集艺术性、交流性、实践性、应用性于一体的学科。教师就应该积极引进和使用计算机多媒体、网络技术等现代化的教学手段，改善学校的英语教学条件，营造良好的英语学习氛围，激发学生学习英语的自觉性和积极性。在信息化教育环境下，教师就必须成为学生学习资源的提供者和开发者、学生学习能力的引导者和促进者、学生学习过程的沟通者和合作者、教学方法的创新者和反思者、教学活动的设计者和组织者、信息技术的研究者和学习者。深入钻研教科书，利用现代信息技术，调动一切可利用的教学资源，投入更多的精力为学生提供丰富、可视化的学习资源，创设开放、动态的交互式教学情景，调动学生的学习积极性、主动性和课堂参与性，引导学生灵活应用英语进行交际，让课堂出彩，不断激发学生的求知欲，让学生真正成为学习的主人，投入其中、学在其中、乐在其中。

（二）信息技术与英语教学深度融合的内涵

现代教育中信息技术与高校英语教学的深度融合并不仅仅是把信息技术当成单纯的教学辅助手段，而是把信息技术作为一种促进学生自主学习、优化教师教学环境、提升教学质量与效果的工具。教师要主动学习先进的教学理念，充分运用现代教育信息技术，把其作为学生主动学习的认知工具、情景教学的创设工具和教学资源的整合工具，并将这些"工具"运用到教育教学实践中，以超媒体结构方式组织教学，设计、开发集文字、符号、图形、图像、活动影像和声音等多种因素于一体的教学课件，用多媒体技术解读、模拟或再现传统教学技术无法展示的课本对话或篇章场景、情景，使信息技术化成为优质课堂的隐形助推力，成为课程内容的有机部分。实现信息技术与各种优质教学资源的有机融合，从而优化教学环境，从根本上改变传统的教学模式，大力培养学生收集、获取英语语

言信息能力、分析加工语法句型结构能力、英语交流应用能力、互助协作能力和自主创新能力，充分发挥学生的语言学习主体性、能动性和自觉性。教学中的信息技术应用不仅可以丰富教学内容、改变教学模式、优化课堂，还可以在迎合学生的心理和时代发展特征的基础上，拓展学习空间。学生可以通过手机、iPad 等工具，利用信息技术网络教学平台学习与巩固课堂知识，收集、预习语言文化背景知识以及学习参考资料等，也可利用信息技术进行自主听、说、读、写、译训练，进一步提高英语语言应用能力，养成自主学习的好习惯。

有效利用信息技术改革高校英语教学，不仅能创建新型教学结构，更可以革新教学思想、观念、理念，深化教学内容、教学方法、教学手段和教学过程的改革，实现教学效果最大化。

利用现代教育技术微信公众号和现代教育技术微信群，建立"互励互教式"微课教学平台，可以拓展最初的课内知识点讲授，在"互励互教式"微课教与学下，学生对知识点的掌握、实践能力均有很大进步，思想道德品质也得到很大的提高。教师从传统知识讲授者转变为知识的引导者，学生从知识的被动接受者转变为学习过程的主动参与者，教与学的过程从课堂延伸至课外，极大地提高了学生的自学能力、积极性和主动性。

（三）信息技术与英语教学融合发展现状

进入 21 世纪后，多媒体技术已经越来越多地应用于课堂教学当中，俨然成为提高课堂教学有效性的重要利器。研究表明，科学应用多媒体技术进行教学，可有效激发学生的学习兴趣，提高教学质量。

英语课堂教学质量的提升离不开有效的新课导入，因此，为提高英语课堂教学质量，很多教师会不约而同地在新课导入上下功夫。通过长期的新课导入实践发现，在英语新课导入阶段有的放矢地应用多媒体技术可切实促进新课导入质量的提升，有效激发学生的新课学习兴趣。英语教师结合多媒体技术成功导入新课的方式对于学生而言无疑是别致且新颖的，比直接用语言交流的方式导入新课效果要好很多。因此，英语教师如果有条件，应积极结合多媒体技术导入新课。

课堂教学的时间是有限的，对于有责任心的英语教师而言，他们会积极利用多媒体技术实现对学生的课余教学辅导。这样的做法是有效的，也是非常值得广大一线英语教师借鉴的。例如，在进行一系列练习题测试后，英语教师会发现班里一些学生都会存在这样或那样的错误。基于这种情况，英语教师可将学生经常出错的问题进行归纳总结，制作成多媒体课件，并将多媒体课件上传至网络平台（微博、微信），要求学生在家长的陪伴下观看课件。这样的做法可轻松帮助学生查缺补漏，而又不需要英语教师对学生一一进行课余辅导，不仅节约了英语教师的课余教学时间，还可以在一定程度上促进学生英语学习成绩的提升。长期的教学实践表明，多媒体技术在课余教学辅导中的应用不仅极具创新意义，还可以在一定程度上激发学生课余英语学习的参与积极性。因此，英语教师应积极利用多媒体技术，将其有效地应用于课余教学辅导当中，不断促进学生英语学习效率的提升。

多媒体技术与英语教学的融合具体可以从这几个方面入手：在新课导入中应用多媒体技术，在突破教学重难点时应用多媒体技术，在课余教学辅导中应用多媒体技术。除此之外，在英语教学的各个环节英语教师均可有的放矢地应用多媒体技术。这里需要明确的一点是，多媒体技术虽然是英语教学的重要辅助利器，但这并不意味着多媒体技术可以完全代替教师的角色。在具体的英语课堂教学中，往往会发生很多意想不到的动态生成，而这一切均需英语教师积极动用自身教学智慧予以有效应对。只要英语教师能够科学应用多媒体技术进行教学，其教学质量必然会不断得以提升。

第三节　信息技术与英语教学融合的思路

一、实践共同体

实践共同体（Community of Practice）也称为实践社团、实践社区。这个概念最初由社会学家 Lave 等提出，指的是对某一特定知识领域感兴趣的人互相发生联系，并围绕这一知识领域共同工作和学习，共同分享和发展该领域的知识。Wenger Trayner 团队指出，实践共同体的三个结构要素是知识领域、共同体和实践——知识领域决定共同体成员的共同兴趣和身份感，他们受共同愿景的驱动，联系在一起共享、应用、创造知识，促进自我成长；共同体是学习的社会情境，其成员交流协作、互帮互助，共同实践、共同学习；实践是成员主动参与学习、发展共享知识资源并进行实际运用，成员在实践活动中学习知识，然后又将知识运用到实践中，以获得新的实践知识。

实践共同体的形成对有效学习的发生有积极的促进作用。实践共同体的知识转化是一个正反馈循环，正反馈使得共同体成为一个学习主体，在实现个人学习的同时有效促进动态知识生成。实践共同体的维持和发展可以通过组织的参与和管理，提高知识共享水平和效果。这一理论适用于课堂研究，对课堂建设有重要的启示意义。

二、融合思路

混合式教学将面对面教学与在线教学相结合，是信息化时代高校英语教学改革的必然产物。"高校英语混合式教学团队"通过教学实践，解构并重构传统课堂，将混合式教学分为在线学习、课内应用和课外实践等三个核心构成部分。它们在丰富的情境与应用的语境中互相联系、互相融合、互相支撑、互相促进。混合式教学弥补了传统课堂教学的不足，有利于充分发挥学生在学习过程中的主体作用，从而促进学生主动学习、自主学习、合作学习。

（一）在线学习

在高校英语的混合式教学模式中，在线学习形式主要采用小规模私有在线课程（Small Private Online Course, SPOC），教学资源包括语言知识学习和在线学习社区。学生通过自主观看精巧设计的微课视频学习语言知识，完成与课程内容紧密相关的在线练习和测验，以巩固语言知识。在线学习社区是学生与其他学生异步交流的场所，学生通过发帖和回帖，与其他学生和教师通过讨论交流、答疑解惑、沟通协作，分享语言学习资源和经验。

（二）课内应用

课内应用是指学生通过在线学习获取语言知识后，在面对面的课堂学习中将获取的语言知识加以应用。混合式教学下的课堂教学不再以知识传授为主要形式，而是围绕主题创设语言应用情境，通过各种或基于语言或基于技能或基于主题的任务，使学生置身于知识展示、语言游戏、问题讨论、方案制定、小组汇报等语言应用活动之中，并通过与团队协作，共同在"做"的过程中不断提高英语应用能力。

（三）课外实践

课外实践是混合式教学模式不可或缺的部分。学生经过在线语言学习和课内语言应用后，最重要的是能将所学语言知识切实运用到实践中。课外实践通常围绕主题创设的真实性语言实践项目展开，是课堂学习的延伸与拓展。如学生合作完成诸如问卷调查、视频制作、海报设计等项目，并用英语进行课堂展示或线上展示，以培养英语的语言产出能力。

三、实践共同体与高校英语混合式教学模式的关系

在高校英语的混合式教学模式中，学生通过在线学习、讨论交流、团队协作等方式在实践中获取知识，成为知识的主动建构者。学习方式的转变，对学生的自主学习能力、合作交流能力、语言实践能力等提出了极大挑战。为了使混合式教学模式实现预期的教学效果，有必要创建实践共同体，为语言学习提供互动交流、合作学习、共同实践等方面的支撑，充分调动学生的学习能动性，保障学生有效地参与混合式学习。

基于高校英语混合式教学模式的实践共同体是一种由学生和教师组成的学习型组织。学生为了获取英语应用能力，与其他学生和教师在实践过程中交流讨论、互动协作、共同实践，不断共同建构并发展英语语言知识和能力。

高校英语的实践共同体包含发起者、核心成员和一般成员三类成员角色。其中，发起者是指教师和助教。教师通过发布线上教学资源和课堂交流帖子、组织线下交流讨论活动、布置课后合作实践项目，积极推动实践共同体的形成和发展；助教则通过在线回帖为学生答疑解惑，维护共同体的正常运转。核心成员是指英语能力较强的骨干分子，他们通过线上主动发帖和回帖、线下积极引领课内活动和实践项目，分享英语语言知识和学习经验，领导其他成员进行语言实践学习。一般成员是指英语学习的参与者，他们通常按照课程要求完成线上、线下语言学习任务，在发起者和核心成员的引领下参与线上、线下的交流和分享，完成实践学习。

实践共同体成员具有共同愿景，短期目标是完成大学阶段的英语学习，获得课程分数；中长期目标是通过英语课程学习，提高英语应用能力。在共同愿景的驱动下，实践共同体成员积极参与相关的学习活动：①自主学习在线课程，通过观看微课视频，完成在线练习，获取进行语言实践所需的知识。在这个过程中，可以随时在讨论区与其他成员讨论课堂话题，就在线学习过程中产生的疑惑提问，大家群策群力共同寻找解决方法，并分享学习过程中积累的学习资源和经验。②进入面对面课堂内，在教师创设的相关学习情境中分享在线学习成果，并与其他成员互动协作，完成学习任务，应用语言知识，在共同学习中巩固在线学习成果。③对知识内容和语言能力进行梳理，与其他成员合作完成教师布置的语言项目并进行实践产出，在实践中相互启迪，获取新的语言知识与能力。

实践共同体成员的学习目标是通过在线学习、课内应用和课外实践，完成技艺传授、

镜像学习、语言应用和以文成事等学习活动，最终获取语言知识，提高英语应用能力。无论是在线讨论区的互动交流，还是课堂内语言应用任务的协作完成，都有利于学生不断地分享、应用知识，并在运用知识的过程中构建、内化知识。课外实践项目基于在线学习和课内应用取得的学习成果，要求学生在"做"的过程中将学到的知识内化为个人知识，并创造新知识。随着一个教学过程的完成，实践共同体成员也完成了一个语言知识获取的循环。

第三章

信息技术与高校英语课程的整合

第一节　信息技术与高校英语课程的整合概述

一、信息技术与课程整合的概念

（一）信息技术的内涵

信息技术是最活跃、发展最迅速、影响最广泛的科学技术领域之一。信息技术的飞速发展，已经对我们整个社会的经济与生活结构产生了巨大的影响，不仅改变着我们的生活方式，也改变着教育和学习方式。

科学技术是人类在认识与了解自然的过程中，为了增强自己的力量，赢得更多更好的生存机会而产生并发展起来的。科学技术就是用来辅助人类的，具体地说，科学技术是通过加强或延长人的某种器官的功能来辅助人的。通常把人的信息器官分为感觉器官、传导神经、思维器官、效应器官四类，这四类信息器官的主要功能分别是获取信息、传递信息、加工和再生信息、施用信息。就技术的本质意义而言，信息技术是指能够扩展人的信息器官功能的一类技术。具体而言，信息技术被定义为能够完成信息的获取、传递、加工、再用和施用等功能的一类技术，也被定义为感测、通信、计算机和智能以及控制等技术的整体。

从以上信息技术的定义中可以了解信息技术的四项基本内容，即信息技术的"四单元"。

1.感测技术

感觉器官功能的延长。感测技术包括传感技术和测量技术，也包括遥感、遥测技术等，它使人们能更好地从外部世界获得各种有用的信息。

2. 通信技术

传导神经网络功能的延长。它的作用是传递、交换和分配信息，消除或克服空间上的限制，使人们能更有效地利用信息资源。

3. 计算机和智能技术

思维器官功能的延长。计算机技术（包括硬件技术和软件技术）和人工智能技术，使人们能更好地加工和再生信息。

4. 控制技术

效应器官功能的延长。控制技术的作用是根据输入的指令（决策信息）对外部事物的运动状态实施干预，即信息施效。

信息技术"四单元"的关系构成了一个有机的整体，它们合作完成扩展人的智力功能的任务。

（二）信息技术与课程整合的联系

从国内外教育信息化发展的进程和趋势来看，通过信息技术与各科课程的整合，促进信息技术在教育、教学中的全面应用，进而培养 21 世纪所需的创新人才已成为世界各国教育信息化发展的重点和热点。20 世纪 90 年代中期，信息技术教育应用就进入第三个发展阶段，即信息技术与课程整合的阶段。因此，深刻认识信息技术与课程整合的本质和内涵，总结整合实践中的经验和教训，有助于我们更好地运用信息技术来支持我们的教学改革，促进学生综合素质的提高。

纵观研究者对信息技术与课程整合的认识，或是从计算机辅助教学的角度出发来界定，或是从信息技术教育本身来认识课程整合，他们并没有完全揭示信息技术与课程整合的本质。

"信息技术与课程整合"最早源自西方"课程整合"的概念。在英文中，"整合"一词表述为"integration"，这一单词在汉语中有多重含义，如综合、融合、集成、一体化等，但其主要含义是"整合"，即由系统的整体性及其在系统核心的统摄、凝聚作用而导致的使若干相关部分因素合成为一个新的统一整体的建构、程序化的过程。基于此，当前对信息技术与课程整合的界定，有以下几种观点。

南国农教授认为，信息技术与课程整合是指将信息技术以工具的形式与课程融为一体，也就是将信息技术融入课程教学各要素中，使之成为教师的教学工具、学生的认知工具、重要的教材形态、主要的教学媒体；或者将信息技术融入课程教学的各个领域，使其既是学习的对象，又是学习的手段。

李克东教授认为，数字化学习是信息技术与课程整合的核心。所谓"信息技术与课程整合"是指在学科课程教学中，把信息技术、信息资源、信息方法、人力资源与课程内容有机结合，共同完成课程教学任务的一种新型的教学方式。

杨威、史春秀、巩进生在他们的专著《信息技术教学导论》中提出，信息技术与课程整合的本质与内涵是要求在先进的教育思想、教育理论的指导下，尤其是在"主导—主体"的教学理论和建构主义学习理论的指导下，把以计算机及网络为核心的信息技术作为促进学生自主学习的认知工具和情感激励工具，以及丰富的教学环境的创设工具，全面地应用到各个学科的教学过程中，使各种教学资源和各个教学要素及教学环节经过整理、组合而相互融合，在整体优化的基础上产生聚集效应，从而促进传统教学方式的根本变革，将传统的以教师的"教"为中心的教学结构和教学模式转变为以学生的"学"为中心的教学结构和教学模式，从而达到培养学生创新精神与实践能力的目标。

何克抗教授在分析以上信息技术整合目标的基础上，对以上定义进行了提炼和加工，提出了信息技术与课程整合的内涵。他认为所谓信息技术与学科课程的整合，就是通过将信息技术有效地融合于各个学科的教学过程来营造一种信息化教学环境，实现一种既能发挥教师主导作用，又能充分体现学生主体地位的以自主、探究、合作为特征的教与学方式，从而把学生的主动性、积极性、创造性充分地发挥出来，使传统的以教师为中心的课堂教学结构发生根本性变革，从而使学生的创新精神与实践能力的培养真正落到实处。当前，何克抗教授对信息技术与课程整合的描述得到了广泛的认可。

从这一定义可以看出，信息技术与课程整合包含三个基本属性：营造（或建构）信息化教学环境、实现新型教与学方式、变革传统教学结构。这三个属性并非平行并列的关系，而是逐步递进的关系——信息化教学环境的建构是为了支持新型教与学方式的实现，新型教与学方式是为了变革传统教学结构，变革传统教学结构则是为了最终达到创新精神与实践能力培养的目标（即创新人才培养的目标）。从以上分析可以看出，信息技术与课程整合的最终目的就是变革传统的"以教师为中心"的教学结构为新型的"教师为主导—学生为主体"的新型教学结构。只有从这一角度去理解和把握"整合"的内涵，才能把握信息技术与课程整合的实质。

由此可见，信息技术与课程的整合绝不是信息技术与课程的简单相加，而是要以课程为出发点，让信息技术服务于课程。信息技术作为一种重要工具，要被用来系统地处理课程的各个方面，与课程的学习活动相结合，以便更好地完成课程目标。信息技术与课程的整合不是把信息技术仅仅作为辅助教或辅助学的工具，而是强调要利用信息技术营造一种信息化教学环境。该环境应能支持新型的教与学方式，从而把学生的主动性、积极性充分调动起来，使课堂的教学结构发生根本变革，使学生的创新精神与实践能力培养落到实处。这正是我们素质教育的重点目标（即创新人才培养）所需要的。

二、信息技术与高校英语课程整合的意义

信息技术与英语教学的整合可以打破空间与时间的限制，具有开放、灵活的鲜明特征，任何人都可以在任何地点、任何时间利用网络来学习。信息技术与高校英语教学整合的意义主要体现在以下方面。

（一）营造良好的语言教学环境

营造良好的语言教学环境对于英语教学质量的提高具有十分重要的意义。具体来说，标准的语音、语调输入，开放、丰富的语言知识，必要的对话与练习机会以及教师的帮助与指导等都属于语言环境的范畴。将信息技术与英语教学有机结合，有利于营造良好的教学环境，主要表现在以下几个方面。

第一，信息技术与英语教学的结合有利于调动学生的听觉、视觉等多种感官，从而使他们更加投入地参与到英语学习中来，并逐渐培养英语思维模式，摆脱先将英语翻译成汉语再进行理解的不良习惯。

第二，信息技术与英语教学的结合可使学生接触大量真实、地道的有声资料，有利于帮助学生增加语言积累、了解文化背景、熟悉交际技巧、提升听说能力，进而提高对语言进行综合运用的能力。

第三，信息技术与英语教学的结合丰富了教学手段，使英语教学从过去单一、传统的模式中摆脱出来，变得更加活泼、生动、形象，从而更好地调动学生的注意力、积极性与自信心，有利于培养学生的想象力与观察力。

第四，根据情境教学法的理念，语言学习如果能在与现实情境相类似的环境中进行，则更容易达到令人满意的效果。信息技术与英语教学的结合可以创设与真实场景十分接近的语言情境，为学生进行知识同化创造了条件。

（二）创造新型师生关系

在不同的教学模式下，师生之间的关系也不尽相同。在过去的很长一段时间里，我国的英语教学沿袭了传统模式，教师、课本与学生之间的关系如图 3-1 所示。

图 3-1　传统教学模式下的师生关系

从图 3-1 中不难发现，教师是英语教学的主宰者，学生是被动的接受者，而课本只是师生之间的媒介。教师通过对课本进行分析与讲解，将知识传授给学生。科技的发展使计算机逐渐参与到英语教学中，并成为英语教学的有益补充。计算机辅助教学模式下的师生关系如图 3-2 所示。

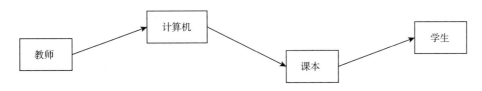

图 3-2　计算机辅助教学模式下的师生关系

从图 3-2 中可以看出，计算机的辅助并未对师生关系带来实质上的改变，计算机的应用只是为教师提供一种新型的讲解或演示手段，使教学效果得到一定程度的增强。但是，信息技术与英语教学的结合，即计算机与教学内容的结合使师生关系发生了根本性的变化，如图 3-3 所示。

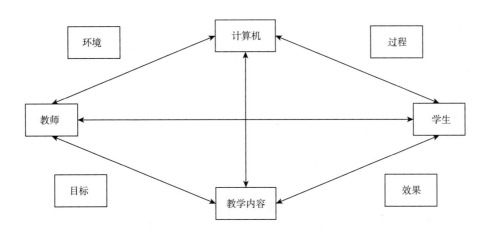

图 3-3　基于网络的英语教学模式下的师生关系

在信息技术的英语教学模式下，教师、学生、计算机与教学内容是四项基本要素，它们之间存在着相互依存、相互作用的内在联系。教师不再是课堂的主宰者，学生则由被动的接受者变成知识的积极构建者，一种合理的、和谐的、全新的师生关系产生了。

（三）提高自主学习能力

在传统的课堂英语教学中，处于被动地位的学生很少有积极参与的机会。课堂上的大部分时间主要用来灌输语言知识，这就很难将学生的积极性调动起来，语言能力的发展也会遇到很多困难。

但是，如果由学生来掌握学习的主动权，并按照自己的意愿来查找学习资料，其弊端也是显而易见的，这既会使他们离正确的学习方向渐行渐远，也会带来费时低效的结果，因而也是不现实的。

学生是具有独立思考能力的个体，是知识意义的积极建构者。以信息技术教学为媒介，学生不仅可以摆脱时空的客观限制，根据自己的安排来选择合适的时间、地点进行学习，还可凭借电脑来组织、参与相关的学习活动，从而在教师指导与自我规划的基础上展开自主学习。这样一来，教师不再是唯一的知识传授者与信息来源提供者，学生在教师指导下进行的自主学习也不会偏离正确的方向。

（四）提供海量学习资源

在我国英语教学实践中，语法翻译法曾长期占据主导地位。受其影响，文学著作成为主要的学习资源，学生虽然学到了规范、地道的语言知识，日常交际能力却没能得到提高。

通过信息技术，不仅可以得到大量文学语言资料，还能接触很多日常生活用语，其数量之大、语言之生动都远远超过了传统的英语教科书。

需要特别说明的是，网络信息资源的更新速度很快，有利于及时了解一些新出现的词汇与表达方式，从而大大提高语言的实用性。此外，网络能够帮助学生一边掌握语言技能，一边补充文化背景知识，深化对语言内涵的理解，提高文化素养。

总之，信息技术与英语教学的结合可提供海量学习资源，极大地满足学生的求知欲。基于网络的英语教学模式下的知识来源如图3-4所示。

可见，信息技术为英语教学提供了远远超出教材范围的大量资源，学生可由此进行主动的、有意义的知识构建。

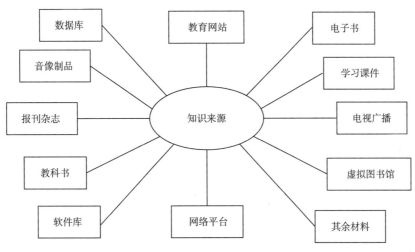

图 3-4　基于网络的英语教学模式下的知识来源

三、信息技术与高校英语教学整合的目标

著名学者沃沙尔（Warschauer）指出："无论是今天的教育，还是未来的教育，教师是其中的组织者、督促者、向导和咨询人，学习不再是为了学习而学习，而是为了满足需要而学习。"信息技术应用于高校英语教学是为了满足未来的需要，而应用的关键在于对这种机遇的了解和把握。具体来说，信息技术与高校英语教学整合的目标包括以下几个方面。

（一）提高学生学习的积极性

信息技术下的高校英语教学，可以将学生的主体地位充分地发挥出来。学生从自己的需要、可能出发，选择恰当的上课时间，采用适合自己的教学进度和方法，在网络的指导下进行练习。当学生遇到困难时，学生可以随时放缓速度，随时进行补充，随时增加信息量；当学生感到容易时，经"网络教师"的检验与测试，学生可以加快进度，减少练习量。

在这一过程中，学生能够及时巩固自己的语言技能，改正自己学习中的失误和不足，从而促使他们形成正确的语言习惯。同时，学生可以随时运用多种教材和课件，或者访问、查询、下载网上的信息和资源，进行个别化的学习。如果遇到问题时，他们可以通过 E-mail 等与教师进行沟通，让教师帮忙答疑解惑。因此，网络的应用使学生的学习不再受到干扰，也可以使他们及时了解自己的学习情况，将自己的主观能动性发挥出来，激励自己的英语学习。

高校英语教学属于技能课程教学，光靠理论学习是不可能的，还需要大量的操作训练。在传统的高校英语教学中，学生并没有充足的自信心，他们害羞在公共场合露面，上课状态也非常焦虑，担心被教师提问，担心自己丢脸。相比之下，在网络环境下的高校英语教学中，学生不必再担心这一问题，情感层面的焦虑也会被释放，这时他们愿意提出问题、回答问题。因此，网络创造的这种宽松的环境有助于提升学生的学习效率。

另外，由于网络环境本身是一种交互式学习环境，动态与静态结合、图片与文字结合、声音与情感融合、视觉与听觉并用，其表现效果也更逼真，因此学习也就不再是一件枯燥的事情，而是能够引起学生的兴趣，更好地发挥自己的智力因素，调动自己的学习潜能和积极性。

（二）达到最佳英语教学效果

计算机大大提升了教师的工作效率，教师教案的设计、学生成绩的登录、教学资料的查询等都可以通过计算机轻松地完成，减少了教师的工作量。

在高校英语课堂教学中，教师可以通过工作站、服务器等对自己的备课内容进行讲解，并可以随时监察学生的学习情况，通过将全班学生的整个操练过程记录下来，及时了解学生的实际语言情况，最后对测试结果进行分析和统计。

在批改作业上，客观性的题目也可以通过计算机来处理，主观题可以由学生通过电脑操作，然后教师利用文字处理软件进行整理和批改。这样不仅从根本上解决了学生数量多、教师数量少的矛盾，而且可以让教师从琐事中解脱出来，让他们将更多的精力放在重要问题和环节的教学和讲解上。这些重要的问题和环节包含对教学大纲的理解、教学方法的研究、教学内容的组织等。

在考试测验中，试题库的建立一定程度上允许学生自行选择时间进行测试，如果通过了考核，那么他们可以进入下一阶段的学习。只有这样，才有可能实现真正程度上的学分制管理，做到因材施教，因为这一方法可以将学生从传统固定的教室、固定的教学方法、固定的教材中解脱出来。在这种环境下，教师可以根据社会需要进行教学自我调节，学生也可能运用最合适的方式使自己尽可能地达到自己想要达到的水平。

除此之外，教师与教师之间、教师与不同班级的学生间还可以进行教学成果共享。某位教师备课的成果通过电子处理后，上传至网络，其他教师可以下载学习，这样不仅可以促进水平不高的教师的成长，也促使水平高的教师不断脱颖而出。

（三）提高学生综合运用能力

网上学习交流能采用虚拟教室、电子白板、参加新闻组、加入电子论坛、发送和接收 E-mail 等多种教学方法，实现不同时间、不同位置的信息交流，可能是一对一交流，可能是一对多交流，也可能是多对多交流等，通过声卡、计算机、数字视频等的交流，使学生在虚拟教室中完成学习任务。学生还可以通过万维网交谈、网页讨论版、在线交流等方式，与世界各地的英语本族语者进行交流，锻炼学生的口语能力、写作能力、分析与逻辑思维能力，还能促进人际间的交往。在这一过程中，学生运用信息技术的能力也要不断提高，熟练使用计算机软件，并掌握快速搜索功能。

（四）激发学生学习和求知的欲望

在网络环境下的高校英语教学中，除了传统文字教材，教师首先可以从学生的基本情况出发，调用各种资料编辑与制作各种教学课件，既要符合学生的教学风格，又要符合学生的需求。教师还可以根据需要在网上进行选择和搜集学习材料，不断更新和丰富自己的教学内容。例如，在阅读课上，教师可以在不改变该课程要求的前提下，运用新资料代替其中的一部分，使课程符合时代发展的特征，激发学生的学习主动性和积极性，实现既定的学习目标。此外，在网上存储着应有尽有的多媒体形式的资源，有专门的教学资源，有实时性极强的报刊资源，这些资源都为学生提供了原汁原味的资料。

第二节 信息技术与英语课程整合的内容及作用

一、信息技术与英语课程整合的背景

（一）英语的国际地位

英语，作为国际通用语言，在国际政治、经济、文化、体育及其他方面的信息交流中扮演着重要的角色。据相关统计，全世界有 1/5 的人具有不同程度的英语交际能力，全世界 2/3 的科学家能读懂英文，全世界 80% 的电子信息用英文存储，全世界 78% 的网站为英语网站。

由此可见，中国要跟上世界的发展步伐，进入国际大家庭，较快地学习、掌握和赶超世界先进国家的科学技术，最为直接的方法就是要使我国的相关人员能够有较强的英语交际能力。据此，可以断言，英语教学不仅是一个简单的教学问题，而且已直接影响到我国科技、经济的发展，影响到我国改革开放成果质量的提高。

（二）现行英语教学的弊端

目前我国的英语教学总体水平不高，长期以来存在着"费时多，收效少"的弊病。多年来我们的英语教学培养的只是英语的应试者，而不是英语的实际应用者。究其原因，英语学习的好坏与学习的条件和环境不无关系，换言之，语言学习的环境对学习者学习英语起着相当大的作用。正如蔡基刚教授所指出的那样："为什么我国学生学了 10 余年的英语，'聋子英语''哑巴英语'现象还是比较普遍？原因就是受到语言环境的限制，没有或很少有练习听力和口语的机会，没有或很少有使用所学到的语言的机会。"

要解决语言学习的环境问题，单靠传统的课堂教学是远远不够的，因为课堂和现实社会使用语言的环境毕竟相差甚远，再怎么设计"角色扮演"的语言应用的情境，也不可能达到预期的教学效果，不能从根本上有助于创设一个理想的英语教学环境。因此，只有对英语教学进行重大的改革，借助当代信息技术在计算机网络上创造出一个虚拟的语言环境，使得以计算机网络为核心的信息技术与英语课程进行整合，着重研究信息技术与英语课程整合环境下的英语教学模式，以求能真正地消除英语教学上的弊端。

（三）传统教学模式受到挑战

过去，我国大学英语课堂主要是以教师为中心，教师讲解课文、精讲词汇和语法、组织操练、核对答案。几十年来，虽然这种"满堂灌"的教学方式忽视了学习者的主观能动性，但是我们的教师依靠个人的教学经验、人格魅力以及因材施教的小班教学方式，确实也培养了许多的英语人才。随着时代的发展，尤其是到了 21 世纪的今天，我们的教学环境发生了巨大的变化，这种教学模式势必会受到前所未有的挑战，这主要表现在以下四个方面。

第一，传统模式不能有效培养学生的英语综合应用能力。众所周知，传统教学模式的特点就是课堂教学以教师为中心，以"课本＋粉笔＋黑板"为工具以帮助学习者在有限的课堂时间内获取和积累语言知识（主要是词汇与语法知识）为目的。这种教学模式以结构主义的语法翻译法为基础，通过精讲教科书中的核心范文向学习者输入某一阶段的语言形式（通常是词汇用法和语法规则等）。学习者通过教师的精解和自己的反复操练以形成正确的语言习惯和语言行为，这就是我国特有的"精耕细读"式的传统教学模式，故称为

"精读课"。这样的传统精读模式必然会导致重教师讲解，轻学生参与；重语言现象，轻信息摄取；重语法细节，轻篇章整体；重语言知识灌输，轻语言技能运用；重阅读理解准确，轻语言交际能力培养。从某种意义上说，"哑巴英语""聋子英语"正是这种传统精读教学模式的产物。

第二，传统教学模式使教学质量下降。教学质量的下降主要与大学扩招所带来的压力有关，因为大学扩招使原来班级规模急剧扩大。班级规模快速扩大，必然会使传统的"精读"教学模式难以适应，从而出现一系列的问题。首先，班级人数越多，师生的交流互动就越少。试想一下，一堂课45分钟，每人轮流讲几句，时间就差不多快用完了。这说明，班级规模过大，学生的课堂实践机会就会相对减少许多。其次，班级规模过大使得教学效率下降，同时增加了课堂管理的难度。班级规模越大，学生水平更为参差不齐，较差的学生由于跟不上教师的节奏、听不懂教学内容而索性缺课；水平较高的学生则嫌节奏太慢而上课干自己的事。因此，在这样人数众多的课堂讲课，教师不可能照顾到各种层次的学生，势必会降低教学的效果和效率，从而影响到整体的教学质量。

第三，传统模式不能适应社会和语言环境的变化。应该说传统教学模式在受到班级规模的制约外，还受到其他社会和环境因素的影响。首先，学习的环境和手段在变化。在过去的几十年里，大学英语课堂围绕课本开展教学，偶尔也会听些录音。现在，随着信息技术的快速发展，学生获取知识和信息的渠道变得丰富起来，因而不再满足英语学习就是围着课本转的传统方式。据相关调查显示，大多数学生喜欢通过看电视、录像等方式来学习英语。这说明学生已趋向于摒弃仅仅靠教材来学习英语的模式，转而采取从多种媒体和渠道接受输入。可见，传统的教学模式在计算机、网络等多媒体的冲击下，必然会失去其原有的地位和优势。其次，学生的学习动机在变化。过去学生学习英语的主要目的是通过考试，获得文凭即可，因此学习相当被动，只要跟着课本学就足够了。现在情况就不一样了，学生学习英语不仅仅是为了一纸文凭，他们必须为今后的就业、出国留学、报考研究生等加大学英语的力度，从而使学习变得更为主动，并且对学习内容提出更多的个人要求，尤其是语言的综合运用能力方面，更是要求有显著的提高。课堂上只是教师讲学生听的模式无法满足学生的个人需求，这些都对传统的教学模式提出了挑战。由此可见，传统的教学模式很难应付这些变化。要改变这样的局面，满足社会和学生的新要求，教学模式的改革势在必行。

第四，教育资源的相对匮乏。我国是一个人口大国，教育的发展相对落后。然而，我国自改革开放以来，经济得到了蓬勃的发展，我们的高等教育也一定要跟上。因此，国家要发展,高等教育一定要走大众化道路,高等院校扩大招生规模已成必然趋势。大学扩招给原本就紧张的英语师资队伍带来了日益严重的压力,教学资源紧缺问题越来越突出。用传统的教授方法,需要多少师资才能满足教学需要,完成教学任务?如何来保证教学的质量?这些都是必须面对和思考的问题。在校学生数量不断增加是高等教育大众化发展的必然趋势,但是我们的教师队伍不能以同等的速度无限制增长。一方面招生规模扩大,另一方面教学资源又相当有限。现在应对这一问题最有效的方法,就是要借助计算机网络的超强功能(海量快速的储存、便捷正确的传输、广泛的网络共享等)缓解教学资源紧缺的问题。

(四)英语教学新模式

《大学英语教学课程要求》(简称《课程要求》)以建构主义学习理论为基础,规定了一系列英语教学的目标、手段、评估等,对当前大学英语的教学要求进行了全方位的阐述,概括起来可以说是三种层次要求、两个观念转变和一个教学模式。

根据《课程要求》的基本内容,我们可以看出教学模式实际上是此次大学英语教学改革的核心。改革的目的就是要使英语教学朝着个性化、不受时间和地点限制、主动式的学习方向发展;应体现英语教学的实用性、文化性和趣味性相融合的原则;在技术上应可实现和易于操作;应能充分调动教师和学生两个方面的积极性。教学模式改革在充分利用现代信息技术的同时,也要充分考虑和吸收现有教学模式的优点,充分体现合理继承的原则。新的公共英语教学模式应以课堂教学与英语教学软件相结合的教学模式为主要发展方向。于是,《课程要求》提出了一个全新的英语教学模式,即基于计算机和课堂的英语教学模式。

根据《课程要求》,各高等学校在采用基于计算机和课堂的英语教学模式的同时要充分利用现代信息技术,特别是网络技术,改进以教师讲授为主的单一教学模式,使英语的教与学可以在一定程度上不受时间和地点的限制,朝着个性化和自主学习的方向发展。同时,各高等学校应根据本校条件和学生的英语水平,探索建立网络环境下的听、说教学模式,直接在局域网或校园网上进行听、说教学和训练。读、写、译课程既可以在课堂上进行,也可以在计算机网络环境下完成。对于使用计算机网络教学的课程,应有相应的面授辅导课时,以保证学习效果。为实施新模式而研制的网络教学系统应涵盖教学、学习、反馈、管理等完整过程,包括学生学习和自评、教师授课、教师在线辅导、对学生学习和教师辅导的监控管理等模块,能随时记录、了解、检测学生的情况以及教师的教学与辅导情况,体现交互性和多媒体性,易于操作。

根据这一模式，英语听、说、读、写、译等教学活动可以通过计算机来完成，也可以通过教师的课堂教学进行。具体来说，"听"的训练主要在计算机网络环境下进行，辅之以课堂教学；"说"和"读"的训练既要在计算机网络环境下进行，又要有课堂教学；"写"和"译"的训练以课堂教学为主，以计算机网络环境下的教学为辅。在教学过程中，教师是教学活动的组织者，教学管理由教务处、教师和计算机管理软件来实施。教学模式改革的目的之一是促进学生个性化学习方法的形成和学生自主学习能力的发展。新教学模式应能使学生选择适合自己需要的材料和方法进行学习，获得学习策略的指导，逐步提高其自主学习的能力。

教学模式的改变不仅是教学方法和教学手段的变化，而且是教学理念的转变，是实现从以教师为中心。单纯传授语言知识和技能的教学思想和实践，向以学生为中心。更注重培养语言实际应用能力和自主学习能力的教学思想和实践的转变，即向以培养学生终身学习能力为导向的终身教育的转变。应该说，新教学模式实施是对我国传统英语教学模式和手段的一次革命性转变。

在教学模式的具体实施上，《课程要求》用附件形式提出了一个非常具体的多媒体教学模式，并规定学生在计算机上每学习 16~20 学时，教师应给予 1 学时的辅导。教师面授辅导的每组学生不应超过 8 人，学生在计算机上学习所获学分的比例应占英语学习总学分的 30%~50%。

从《课程要求》提出的教学要求和模式的具体内容来看，似乎可以总结出这样两点：①在我国英语教学的历史上，《课程要求》可以说是首次明确地将计算机作为一个重要组成部分整合于英语教学模式之中；②作为英语教学模式的有机组成部分，计算机将在实际的英语教学中起着一个学习同伴的作用，与学习者一起完成自主学习的各项任务。

二、信息技术与英语课程整合的内容

（一）信息技术与英语课程整合的模式

信息技术与英语课程整合，应该借助信息技术的优势，充分利用多媒体信息集成技术、超文本技术、网络技术等。作为教师的英语教学辅助工具和学生英语学习的认知工具，信息技术有助于构筑数字化英语学习资源，使学习者实现英语学习方式的变革，从被动接受式学习真正转变为自主学习和有意义学习。信息技术与英语课程的整合将带来英语教育观念的转变，形成新型的教学结构，从以教师为中心的讲授，转变为学生探索发现式的自主学习、协商讨论和意义建构。

在这种整合模式下，首先，教师根据教学目标对教材进行分析和处理，并以课件或网页的形式把教学内容呈现给学生。其次，学生接受了学习任务以后，在教师的指导下，利用教师提供的资料（或自己查找信息）进行个别化和协作式相结合的自主学习，并利用信息技术完成任务。最后，师生一起进行学习评价、反馈。教师和学生在信息技术的帮助下，分别进行教学和学习。在整个教学过程中，学生的主体性和个别化得到较大的体现，这样的教学氛围十分有利于学生的创新精神和问题解决能力的培养。同样，教师通过整合的任务，发挥了自己的主导作用，以各种形式、多种手段帮助学生学习，进一步调动学生的学习积极性。

（二）信息技术与英语课程整合模式的环境

1.基于多媒体教学软件的英语教学

（1）创设情境型学习情境，激发学习兴趣。英语学习需要一个良好的语言学习和使用的环境。多媒体教学软件具有形象、生动的特点，可以提供声情并茂的情境，激发学生的学习兴趣，丰富学生的学习素材。运用多媒体教学软件进行英语教学，实施的出发点之一就是，力争使用多媒体教学软件创造出良好的语言学习环境，为学生提供运用英语进行听、说、读、写全方位训练的环境，从而提高学生学习英语的兴趣，有效地培养学生听、说、读、写的能力。

（2）学习资料型——提供学习资料，开阔学生视野。使用具有丰富学习内容的多媒体教学软件，可以为学习者提供大量的学习资料，而教学软件中图、声、文字的结合，可使学生在学习时兴致盎然。通过利用这种学习资料型的英语教学软件进行学习，学生不仅可以使自身的听、说、读、写能力得到训练，而且在练习英语基本功的同时开阔了视野。这种学习资料型的英语教学软件，可以是教师自行开发的，也可以是从市场购买的；可以作为在课堂上使用的学习材料，也可以作为课后的学习辅助材料。

2.基于网络资源的英语教学

网络自身是一个生动丰富的背景课堂，不仅为每个学生提供个性化的学习空间，让学生能动地自主学习，而且让教师也可以利用网络资源为课堂教学创设形象逼真的环境。网络英语教学具有以下特点。

（1）学习环境的形象性。多媒体英语教学课件可为学生提供逼真的视听环境，通过视觉和听觉的组合优势来改善教学效果。而网络英语教学则更上一层楼，它无须人为地创设一个多媒体环境，因为网络本身就是一个多媒体世界。学生们可以进入自然真切的情境中进行英语学习，而且学习效果也可以得到即时反馈。

（2）教学模式的先进性。网络英语教学是一种以学生为主体、以教师为主导的全员参与的"双主"模式，事先没有固定的教材，在教师的引导下，每个学生都将教师精心挑选的素材个性化地加工成了一篇短小的课文。也就是说，学生们在自己学习，自己利用网络环境和资源"编写教材"。毫无疑问，学生对自己成果的偏爱和认同，是任何统编教材都无法比拟的。因此，网络英语教学使学生对所学的内容产生了强烈的认同感，学习积极性和学习兴趣空前高涨。

（3）学习资源的开放性。网络具有很高的开放性，它本身就是一个无比丰富的资源库。和教师事先编制的课件或印刷的课本相比，它更能为学生提供全方位的学习资源。首先，网上的学习资料是动态的，处于即时更新的状态。其次，网络中的资料丰富多彩，涵盖社会的方方面面，为师生双方都提供了很大的选择余地，有利于培养学生的自主学习能力。最后，网络中的资料生动形象、图文并茂，很容易吸引学生的注意力，激发其学习兴趣。因此，网络英语教学将教室扩大到有信息海洋之称的互联网上，使网络成为学生学习英语的一个组成部分，这是一种真正意义上的开放性英语教学。

（三）信息技术与英语课程整合的差异

1. 信息技术与学习的整合

信息技术与学习的整合主要体现在教师对学生进行学习策略指导和学生的自主学习上。在以学生为主体的英语学习中，教师对学生学习策略的指导尤为必要。一方面是对英语语言学习规律的把握，另一方面则是如何运用多媒体技术和互联网来辅助学习。教师可以通过课堂教学和课外学习中的讲座、讨论来指导学生认识英语学习规律；还可以把平时在互联网上浏览时收集到的有助于英语学习的网站分类整理提供给学生，为他们自主学习和运用网络学习英语提供帮助。在课堂学习中，学生能较好地利用从这些网站中获取的信息拓展有限的课文内容，并通过计算机技术做成电子作品，丰富课堂学习内容，使英语学习饶有趣味。

2. 信息技术与教材的整合

与当前英语课本及其相关练习和阅读材料相比，信息技术与互联网所提供的海量资源是超乎想象的。信息技术和互联网正在打破传统课堂教学模式，教师和学生可以借助网络收集和整理相关课题的资料作为拓展学习资源，可以在学校主页上建立链接进行网络学习，还可以由教师把经过认真筛选的相关网址提供给学生自主学习。这种方式的学习使教学信息得到极大扩充，同时学生的视野得以开拓，思路更加开阔，创造力得到培养。传统教学中课本就是世界，而今世界成为课本，学习资源可以随时随地选取，这是信息技术与教材整合的优势。

3. 信息技术与教师的整合

信息技术的迅速发展和广泛使用，丰富了教学资源和教学手段，也对英语教师提出了更高的要求，因此，广大英语教师必须实现教学意识的转换。

第一，信息技术无论如何发展，都始终无法代替教师作为领路人的作用，代替不了教师的人格影响。在知识传授渠道极大丰富以后，教师的价值更多地体现在人格影响方面。因此，英语教师必须树立崇高的职业理想，不断增加自我意识和使命感，以鲜活、旺盛的创新精神和创造能力去面对每次不同主题、不同内涵的教学活动。

第二，信息技术的运用需要教师本身素质的提高，英语教师作为课程的主导者和组织者，必须树立现代教育思想观念，克服传统的教育教学观念，运用现代教育技术探索、构建新型教学模式，即突破传统课堂中人数及地点的限制。通过服务器呈现教学内容建立讨论式学习模式以及协作学习模式。

作为学习的组织者和指导者，英语教师要树立以学生为主体的观念，充分尊重学生主动学习的权利，给学生提供学习的条件和机会，帮助学生主动参与学习。

第三，增大课堂信息容量，优化课堂教学方法，是课堂教学的中心任务。实践证明，学生英语能力的形成，靠的是自己的英语语言实践。运用教育信息技术，能充分调动学生的主动性和积极性，发挥学生的主体参与作用。在教学时，教师可把重难点设计制作成课件，可以节省讲解和板书时间，加快课堂节奏，使教学环环相扣。在进行阶段性复习或总复习时，也可将已学的众多知识进行系统的整理和归纳，存入电脑，或制作成可供学生自学、复习的资料库。利用计算机的网络性，学生随时随地可调用所需的资料，只需在很短的时间内便可形成一个完整的知识网络。

第四，信息技术作为一种技术手段和学习资源，能使学生的学习达到事半功倍的效果。然而，正确高效地运用这些信息技术也对教师提出了更高的要求。教师需要根据教学实际，充分利用现有条件下的教学软件，并从中选取适合教学需求的内容。实现课程整合重要的是教育观念的革新。课程整合将信息技术看作各科学习的一个有机组成部分，它要在已有课程（或其他学科）的学习活动中结合使用信息技术，以便更好地完成课程目标。但整合不等于混合，它强调在利用信息技术之前，教师要清楚信息技术应用于课堂的优势和不足。

第五，教师应在教学之余，通过互联网收集各种有关英语学习和教学的网站。一方面收集积累教学和学习素材，丰富课堂教学材料；另一方面还要通过较好的英语教学研究网站进行网络在线学习，拓展自己的教学研究视野，提升自己的专业水平和业务能力。英语教师可以通过互联网组织学术讨论活动，召开英语教学研讨会，把最新的教学成果推出去，让更多的英语同行和英语学习者受益。教师还可以把自己的优秀教案、课件等放在学校的网站上共享，扩大影响。

第六，英语教师作为课程的设计者和开发者，要使自己适应形势发展的需要，就必须不断地学习。不仅要具备普通教学的基本素质，还要具备计算机技术、视频技术、音频技术、通信网络技术、影视技术、编导理论等方面的基本知识；必须掌握多媒体网络化教育环境下进行多媒体网络教学、利用多媒体技术进行教学设计的知识技能；必须密切追踪当代科学技术、社会人文领域的最新研究动态和成果，具备基本的科学人文知识，强化网络意识和网络文化适应意识；应富有敏锐的职业洞察力、卓越的教学监控能力，高效率地解决教学过程中的各种问题。由观念适应到知识适应、技术适应乃至文化适应，教师应全方位地加强自身适应信息化教学的能力，成为信息化教育中的行为主体。

4. 信息技术与学生的整合

学生是教学的中心，也是学习的主体。信息技术和多媒体技术所特有的集声、光、色彩、图片、动画和影像等于一体的影音效果，有利于使学生对知识产生更深刻的记忆。信息化教学能激发学生的学习兴趣，并能充分发挥学生的主体性。

第一，在信息技术与课程整合的条件下，学生可以利用教师提供的资料或自己查找的信息，进行个别化和协作式相结合的自主学习。在整个教学过程中，学生能够发挥主体性，发展个性。教师在整合教学中发挥主导作用，以各种形式、多种手段调动学生的学习积极性，帮助学生实现学习目标。这样的教学十分有利于学生的主体性的发挥和问题解决能力的培养。

第二，学生利用搜索引擎在互联网上搜索、筛选、选择和分析相关信息以及有关影像资料进行探究性学习，培养创新精神。这样，学生可以从传统的知识被动接受者转变为主动发现者、建构者，并养成自主学习的习惯。

第三，信息技术成为辅助英语学习的助手，学生可以通过网络了解国外的社会环境、风俗习惯、民族心理、历史文化等，这对学生的英语学习有很大的帮助。教师可根据英语课程的教学内容，将所呈现的学习内容进行收集、加工、分析、处理，并且整理成多媒体、超文本的学习资源，为学生创设一种直观形象、生动有趣、便于理解记忆的语言环境和语言交际情境，让学生在这些情境中进行探究，从而使学生自主地发现问题，提出解决问题的方案与办法。这样做有助于学生对学习内容的理解和学习能力的提高，进一步培养学生的探索精神。

5.信息技术与课程评价的整合

信息技术在教学评价中也十分重要，丰富了评价内容，使其更加全面、更加科学。首先，信息技术使评价和反馈变得简捷，如网络课堂上教师可通过BBS、留言板监控学生的学习进程。其次，它拓展了评价内容，信息技术本身就可以作为一项标准来评价学生的电子作业，如幻灯片、网页等。对于学生评价的重点可以是课题研究计划的可行性、研究方法的有效性；学生的参与程度、协作意识；作品是否切合主题，内容的丰富性、合理性、创新性，技术的应用程度等。教师还可以通过英语学科题库进行测评，为评价提供参考数据；条件许可时，还可以在线进行课堂测试，检验学习效果。这些都为教师反思和调整教学内容、手段和步骤提供了必要的参考。教师可以利用办公软件和校园网络，轻松地对学生的所有相关数据进行电子化管理，比如，学生的各种测试成绩、行为记录和学期评价等。利用信息技术，教师的工作效率明显提高，评价内容也更为丰富，教育管理也更加科学有序。

信息技术对当今教育的推动作用无法估量。然而，要使信息技术真正地推动英语教学的发展，就必须使其与英语教学进行全面的有机整合。信息技术与教学整合，尤其是与英语教学的整合，具有十分重要的意义。

三、信息技术与高校英语课程整合的作用

（一）改变学习观念

计算机网络技术的日新月异及与课程的整合正在深刻地影响和改变着各种学科的生态，预示着学科发展的未来。可以说，今后学生学习的主要途径不再只是依靠书本或教师的讲授。面对浩瀚的知识海洋和不断更新的网络信息，原先固定教师、固定班级、固定内容、固定进程、固定标准的单向接受式的学习方式将被打破。取而代之的是一种全新的学习过程，在这样的学习过程中，学生以计算机和网络以及其他多媒体设备为媒介，在自主选择、合理接受、科学加工、适时反馈的信息传输中轻松自如地完成富有个性化的、发现式的学习。这种发现式的学习方式将改变以课堂为中心、以教师为中心和以课本为中心的

接受式学习格局，更多的是以自主学习、合作学习和探究学习为主的发现式学习格局而出现。显然，这种学习格局的变化与信息技术的发展有着直接的关系。

有专家认为，信息技术是物化形态技术与智能形态技术的协同利用，具有智能化、数字化、网络化、个人化、多媒体化的特征。随着信息技术的广泛应用，知识密集型信息技术产品出现了更新换代周期加快的现象。同时，新兴科学大量涌现、知识总量急剧膨胀、知识更新的过程也空前加快，出现了"知识爆炸"现象。据联合国教科文组织的统计，人类近 30 年来所积累的科学知识占有史以来积累的科学知识总量的 90%，而在此前的几千年中积累的科学知识只占 10%。英国技术预测专家马丁的测算结果也表明了同样的趋势：人类的知识在 19 世纪是每 50 年翻一番，20 世纪初是每 10 年翻一番，20 世纪 70 年代是每 5 年翻一番，而近 10 年大约每 3 年翻一番。据预测，到 2050 年左右，人类现在所掌握的知识届时将仅为知识总量的 1%。这就是说，走向信息化后的人类社会，将创造出 99% 以上的新知识。可见，信息和知识犹如产品一样频繁更新换代。这种知识的极度膨胀和快速更新，使我们的课程不可避免地陷入尴尬的境地。一方面大量的新知识内容需要加入课程中去；另一方面课程内容过难使学生负担不断加重。众所周知，课程展开的时间是有限的，我们不可能无限延长学习者的学习时间，加之近代科学技术的飞速发展和知识信息的急剧增加，又使我们不得不面对现实的挑战。

那么，如何才能找到应对的方法呢？最根本的出路在于变革，改变人们认为学习只是一种继承的传统观点。课程应该在传授一些基础性知识的同时，注重对学生创新和适应能力的培养。对受教育者来说，最重要的是学会学习，具备进行终身学习的能力，也就是具备自我更新知识结构的能力。对于知识的学习，新观点强调的是让学生掌握认知的手段、方法，即学会自己去发现知识，自己去获取和更新知识，而不仅仅是局限于学习知识本身。由于信息时代知识急剧增长，若是像传统教育那样，只强调知识本身的学习和掌握，那么学到的知识大部分会很快过时，无法适应现代社会发展的需要。只有让学生学会认知，即学会学习的方法，他们才能在步入社会以后自我更新知识结构，通过自学掌握工作所需要的各种新知识、新技能。一般来说，传统性学习通常是维持性学习和接受性学习，而信息化学习却是创新性学习和建构性学习。维持性学习是一种继承性学习，而创新性学习要处理好"学会""会学"的关系；接受性学习是一种以教师为中心的学习，学生是知识的被灌输者，而建构性学习是以学生为中心的学习，强调学习者是知识的主动建构者。信息化时代的学习是要从传统的维持性学习向创新性学习转变，从接受性学习方式走向建构性学习方式。要达到这一目标，计算机网络必须与课程及教学模式进行全面的整合，因为它预示着未来教育的发展方向。

（二）预示未来教育的发展方向

世界各国在展望未来的教育时都主张把信息网络技术作为教育、教学改革的重要一环。例如，早在1996年美国就制订了国家信息技术教育计划。之后，美国教育部在咨询了社会各界人士及专家后，对国家信息技术教育计划进行了修改，提出了五个目标：①所有教师和学生都要使用信息网络技术；②所有教师都应运用技术帮助学生达到较高的学业标准；③所有的学生都要具备信息技术方面的知识与技能；④通过研究与评估，促进下一代技术在教学中的应用；⑤通过数字化的内容和网络的应用来改革教学。新加坡与马来西亚也相继推出了教育信息化计划。我国政府也相当重视教育信息化工作并推出了一系列推进教育信息化和改革的政策措施。正是由于各国对此相当重视，因此对传统的教育体制及教学模式的改革正在世界范围内形成一种新的教育发展趋势。

在我国，运用信息网络技术对传统教育体制和教学模式的改革首先始于英语教学。如前所述，21世纪是信息技术全面发展的时代，计算机与网络技术的发展极大地拓展了教育的时空界限，空前地提高了人们学习的兴趣、效率和能动性。就信息化时代的英语教学而言，传统的教学形式将很难适应时代发展的需要，必须进行有突破性的变革。这种教学的变革不仅仅是教学形式和学习方式的重大变化，更重要的是将对英语教学的理论、观念、模式、内容和方法产生深刻的影响，给英语教学赋予更深刻的全新内涵。

（三）促进师生交流

信息技术背景下，教师与学生通过互联网网络，如QQ、微信、微博等，随时随地沟通交流，这使师生之间的交流达到快速、优质、高效的效果。在信息技术环境下的英语教学模式，改变了传统教学模式下的师生交流。信息技术、计算机辅助下的师生交流，是一种科学、合理、和谐的关系。

（四）共享学习资源

中国教育的信息化始于2018年。信息化带动了教育现代化，使我国的高校教育全面进入融合和创新的2.0阶段。伴随着每一次重大的技术变革，教育也发生着变化，工业化时代的教育模式很难适应信息化时代对人才培养的需求，因此我们要进行教育体制系统的重组和改革。5G、AR、VR的发展，为教育改革提供了强有力的信息技术支持，未来教育是优质资源共享的智能教育时代，智能教材、同步课堂使得优质的教学资源得到了共享。

信息技术与英语课程的整合，不仅能使学生学到规范的语言知识，还能使学生通过海量的网络英语学习资源学习到英语文学语言和英语日常用语，提高学生的英语交际能力。网络信息技术下人们获取知识的来源出现了多元化趋势，学生可以从多种渠道获取自己想要的知识，可以自主地构建自己的英语知识体系。

（五）营造良好的英语环境

信息技术与英语课程整合可以打破教与学的空间与时间的限制，具有开放性、灵活性、多元性的鲜明特征，教师和学生可以随时随地依据教与学的需求进行选择性的学习。英语教学的目的是学习英语语言，学生要学习英语的单词、语法和习惯用法等，要进行"英译汉"和"汉译英"这样的练习，通过不断地练习来复习英语的语法和单词。这是语言教学的普遍教学过程。信息技术的发展为英语教学营造出一种良好的环境，可以使学生投入英语学习中，并逐渐培养英语思维模式，摆脱先将英语翻译成汉语再进行理解的不良习惯；可以增加语言积累、了解文化背景、熟悉交际技巧、提升听说能力，进而提高学生对语言进行综合运用的能力；可以丰富英语教学手段，更好地调动学生的注意力、积极性与自信心，有利于培养学生的想象力与观察力。信息技术与英语教学的结合可以创设与真实场景十分接近的语言情境，为学生运用知识创造了条件。

（六）培养学生的信息素养

信息技术融入高校英语教育教学的过程中，创新了高校英语教学方式，拓宽了高校英语教学视野，丰富了英语教学内容和教学资源。学生在选择自己喜欢和需要的英语学习内容和学习方式，利用碎片化的时间学习英语的同时，也在对学习资源信息进行分析、加工和利用，也从实践学习中掌握英语语言的技能，培养信息素养与信息利用素质。

（七）培养学生终身学习的能力

当今，"终身学习"已经由人们单纯的愿望变成了具体的行动。时势可以铸造英才，时势也可以淘汰庸人，现实迫使人们产生了紧迫感。学会学习和终身学习，是信息社会对公民的基本要求。信息技术与英语教学的整合，迎合了时代的要求，在培养学生树立终身学习的态度上有独特的优势。这种整合使学生具有主动吸取知识的要求和愿望，在日常生活实践中能够独立自主地学习，自我组织、制订并实施学习计划，能调控学习过程，能对学习结果进行自我评估。

第三节 信息技术与英语课程整合的实践

一、信息技术与英语听、说、读、写课程的整合

（一）听力课程

传统高校英语教学的听力课程主要是播放英语录音或者由教师朗读来完成。网络信息技术背景下的英语听力课程改变了这种单一的教学过程，实现了多种形式的听力教学。

多媒体计算机教学方法集英文字幕、实体场景、声音于一体。这种形象生动的教学方式可以激发学生的学习兴趣，有效提高学生的听力水平。多媒体播放的速度和模式可以随意调节，也可以重复、顺序播放英语听力内容，还可以反复播放重要的内容。

这种多媒体信息化的学习模式使学生可以听到原版、纯正、地道的英语发音，有利于学生正确地进行英语语音、语调的听力学习，给学生提供了一种无障碍英语听力学习环境，也有效地弥补了高校教师中国式英语发音的问题。

（二）口语课程

高校英语教学要顺应人才发展的需要，适应国家发展战略的需求，利用计算机和网络信息的发展机遇，培养学生"说"英语的能力，营造有利于英语学习的课堂氛围和校园环境，搭建多元化的英语语言学习平台，提高高校大学生的语言实践能力。

大学生可以利用互联网和校园网络进行英语口语交谈，可以和外国说英语语言的人士、国内说英语的人士、学校的教师和同学之间进行自由的对话交谈，从而练习自己的英语口语。

（三）阅读课程

高校英语教学的核心内容之一是英语阅读教学，提高大学生的英语阅读能力是高校英语教学的关键。网络信息化背景下多媒体计算机的广泛应用，创新了高校英语阅读课程的教学方式，多媒体辅助英语教学越来越受到大学生的接受和欢迎，极大地丰富了英语教学内容和教学资源，给大学生提供了更多的英语语言实践学习的机会。

利用多媒体网络进行大学生英语阅读教学，提高了学生的英语阅读兴趣和英语阅读

能力，有效克服了传统英语阅读教学中的阅读题材狭窄、阅读内容陈旧、阅读方法单一等问题，丰富了大学生阅读题材。网上阅读的新颖、反馈及时等特点，也适应了大学生利用互联网学习的需要，有效提高大学生的阅读能力。

在选择网络阅读材料时，要遵循以下五个原则。

1. 拓展性

网上阅读材料应是对教材内容的扩展和延伸。

2. 时效性

要及时更新阅读材料，选择能充分反映时代特点和当今社会的热点问题、国际时事形势的材料。

3. 趣味性

阅读材料要充分符合大学生的心理和个性特点，能够引起大学生的学习兴趣。

4. 科学性

阅读材料的选择要注重科学性，要能够反映当今社会的客观现实，并且真实地反映社会经济和科技发展的水平。

5. 艺术性

阅读材料要分层次地选择，要适合各个阶段的大学生的阅读水平，材料的难易程度要适中，有一定的艺术性，能激发学生的阅读兴趣。

（四）写作课程

信息技术与高校英语写作课程的结合，可以体现在以下几个方面。

1. 创设写作情境

网络中丰富的教学资源可以为学生的书面表达和写作提供有力的情境支持。教师可以借助多媒体创设英语写作的背景，如真实的生活画面、一段小故事等，学生可以根据这些背景有感而发地进行写作。教师还可以利用网络优势，设计一些有趣的练习进行写作背景的创设，并且通过网络收集写作的相关信息，提高学生的写作能力。

2. 丰富写作素材

在大学英语教学中，教师要重视解释和应用蕴含中华优秀传统文化、革命文化和社会主义先进文化的素材，提高大学生对本民族文化的认同感。信息化背景下大学生也要关注这方面的素材，强化自我认同感，增强文化解读能力和语言转换能力，提高自身的语言表达能力和素质。

3. 自主写作

教师可以让学生自主地从网络上获取阅读材料，深入阅读后根据自己的选择和思索进行"吸收＋创造"式的写作，使学生的阅读能力、写作能力和信息素养得到共同提高，将阅读和写作有机地结合起来。还可让学生利用网络教学平台、英语角等多种形式进行写作交流，展示自己的英文作品，从而达到提高写作水平的目的。

4. 写作反馈

在信息技术背景下，学生提交写作的方式也从传统的课堂提交转变为网络方式提交，教师可以随时对学生的写作进行评价反馈，可以在线上直接提交评价及反馈意见，这使学生可以及时地对写作情况进行了解。

二、信息技术与英语课程整合的教学实践

（一）教学方式

信息技术与英语课程的整合，可以充分借助多媒体教学。例如，可以通过播放英文电影的方式来进行英语教学。电影是一种充满魅力的艺术形式，它融汇了文学、戏剧、服装、绘画、雕塑、音乐、建筑等艺术精华，又涉及文化、宗教、爱情、死亡、战争等人类永恒的主题，深受广大教师和学生的欢迎。课程具体的教学内容主要包括两个板块。一是系统介绍电影艺术的基本元素和基本理论，为电影欣赏提供必要的分析和解读方法。二是利用已讲述的电影专业知识，结合电影的主题与涉及的社会背景文化，对经典的英文电影的文本进行深度解析，对电影涉及的主题进行深入思考。

以上两个部分的有机结合，目的是要让电影的理论和专业知识回到电影的文本与主题，让电影的解读得到专业电影理论和知识的支持，从而提高电影观看者实际解读电影语言的能力。课程中所选的教学影片为经典英文电影，教学影片的选择立足于电影的主题与内容，兼顾作品的社会、时代、文化背景，力求包括多种不同类型与风格的电影，使所选影片能比较全面、真实地反映英语国家的社会文化风貌，展示优秀英文影视作品的艺术特点，培养健康向上的审美观。信息技术与英语课程整合，就是利用电影多媒体所创造的真实多样的情境和丰富的网络资源，以"输出驱动假设"这一外语教学理论为指导，同时结合建构主义教学理念、任务型语言教学以及课程系统设计的理论与方法，进行合理而科学

的课程设计，进而实现课程的教学目标。

（二）教学工具

英语课程的学习可以使用网上教学平台。网上教学平台实现了教师和学生的实时沟通，为师生教与学提供了虚拟学习环境。教师可以在平台上编辑课件，确定教学流程和教学内容；还可以在线考试、审批作业、回答问题、统计学生学习情况等。学生登录教学平台以后，可以选择要学习的课程，进一步安排学习计划、开始学习课程内容，平台上还提供在线测试、即时查看成绩、查看考试分析报告等功能；学生还可以参与教师组织的网上学习交流。平台上支持各种格式类型的文件（如 Microsoft Office 的各种办公文件格式、各种数字图片、数字音频、视频文件等），这样在平台上师生之间的实时交流、协作，实现了网络信息技术辅助教学和学习的强大功能，实现了信息技术与高校英语课程教学系统的完美结合，提高了高校英语教育教学的质量。

（三）教学设计

课程的教学设计是基于课程教学四要素——教学目标、教学内容、教学流程和教学评价，教学设计中的各个环节也关联着教学系统中的教师、学生、教材、环境等关键因素，对学生的学习过程和学习效果起到了关键作用。

1. 教学目标

（1）借助互联网网络信息技术，结合英语课程的课堂教学内容，建立起在线教学管理平台。

（2）利用多媒体教学手段可以丰富学生的英语听、说、读、写、译的学习资源和学习环境，在重点掌握英语说、写的语言技能基础上，培养学生的语言综合运用能力，培养高质量的复合型人才。

（3）通过观赏各个英语国家的英文电影，丰富学生对西方国家的社会、文化、民族等多元化知识的认识，了解不同时空、不同地域的语言文化，提高学生的跨文化意识和人文素养。

（4）提高学生分析问题、解决问题的能力，增强学生进行语言学习的自觉主动性和能动性。

2. 教学内容

教学内容根据教学主题而定，借助电影教学时，可以根据每一部教学电影中涉及的社会文化主题确定课程的教学内容。每个教学单元可以安排不同的电影片段，也可以设计不同的学习主题，根据电影主题内容学习国内外重要的社会问题、国际社会关注的热点问题，提高学生运用英语知识和英语学习技能开展跨文化交际的能力，培养具有国际视野的创新型英语人才。

3. 教学流程

教学流程是针对教学目标和教学内容的要求实施教学的过程，可以全面提高学生的英语听、说、读、写、译的能力。在教学系统设计的过程中，教师根据"输出驱动假设"的教学理论，根据当前教学目标和教学内容的不同阶段任务，设计教学的流程。课程设计的出发点和教学目标通过课前、课堂、课后三个阶段的输出任务来逐步实现，这也适应了学生学习的需求。

（1）课前任务。为了更好地学习电影中相关的英语语言，让学生在课堂中能顺畅地看懂电影中的用语和相关内容，必须提前了解影片中的主要人物关系、主要的剧情。课前要求学生要完成书面作业，利用网络信息了解影片的故事梗概和简介，观看教学平台上的教学影片，认真阅读教师布置的作业，并及时完成书面作业；阅读影片相关的文本材料，如经典台词、电影创作的背景、电影主题相关的报道等。学生要在规定的时间内上交书面作业或者在线提交，教师要对提交的作业完成情况和作业质量做出评价，并给出反馈意见，在一定的时间内公布答案，方便学生更好地学习影片中的专业英语知识，了解英语常用语。

（2）课堂任务。在课堂上，教师引导学生对电影的内容和主题展开讲解和讨论，可以找同学对电影片段进行分角色配音和表演等。教师可以指导学生完成口头报告，可以要求学生在教学平台上观看事先录制好的多媒体音像资料，也可以按照口头报告的具体内容阅读相关的英文文本资料。学生也可以通过多元化的网络资源自己查找一些相关的背景知识，更好地了解影片中的相关专业术语。

（3）课后任务。在课堂上完成教学任务后，学生课后还要做进一步的分析和反思，回忆电影中的情节和细节，对电影主题反映出来的相关英语知识进行思考，在教学平台上参与在线讨论活动，完成教师发布的在线写作任务。

4. 教学评价

通过对具体教学案例的分析，信息技术与英语课程整合的教学流程是：教师提出问题—学生通过网络收集信息、分析问题—教师设计教学流程—教学实施。不管是教师提出问题还是学生分析问题、完成作业，都是在互相联系的基础上进行的，它们之间是存在关联性的，实现的难度也是有层次性的，是按照简单—复杂的顺序完成的。

在实际的教学中，学生在课前按照教师提出的问题收集信息是为了更好地完成课堂教学任务和课后任务。系统化的课程教学设计贯穿在完整的教学环节中，包括教学目标、教学内容、教学方法与手段、教学实践和教学评价等，这就要求每个教学环节的设计也是有系统性的。整个教学过程中的教学活动都是要围绕教学目标展开的，包括每个教学单元的主题都要根据教学内容精心组织和设计；这样，学生在学习的过程中，就能把握知识之间的联系，在复习巩固原有知识的基础上，构建新的知识体系。将信息技术运用到教学中，教学评价也随着多元化的环境出现了多样化的评价手段。教师除了传统的课堂面授、口头评价，还可以在教学平台上展开多种形式的教学评价，可以监督学生的整个学习过程，引导学生进行多元化的学习。

第四章

信息化时代下的高校英语教学的模式构建

第一节　教学模式与信息化教学模式

一、教学模式的含义

国内外教育和教学界依据不同的教学问题的出发点，给出的教学模式的界定也是多样化的。教学模式强调教育理论、教育思想的地位和作用，包括教学结构、方法、策略等多种不同于纯理论的内容。但是要清楚，教育模式本身并不能用于指导和组织教学，它不属于设计组织教学的理论，是理论的下位概念。教学模式不能与教学计划等同，教学模式囊括教学计划，是在当前技术条件下协助教学进行的模式，而教学计划是体现教学模式实际操作的外在表现形式，具有一定的长远性。教育者可以直接概括教学实践经验而构建教学模式，也可以先根据一定的理论提出假设，然后在实践中逐步完善。

总而言之，教学模式的本质内涵是依据相关的教学理论，形成稳固的教学活动程序和框架。

二、信息化教学模式的含义与作用

（一）信息化教学模式的含义与特征

1. 含义

信息化教学模式是新的时代条件下教学模式的新发展，是基于技术的教学模式或数字化、信息化学习模式。所谓信息化教学模式，是指技术支持的教学活动结构和教学方式。它是技术丰富的教学环境；是直接建立在学习环境设计理论与实践框架基础上的，包含相关教学策略和方法的教学模型。

目前，国内外较为常见的信息化教学模式主要有基于问题的学习、基于项目的学习、基于案例的学习、基于资源的学习、探究学习、协作学习、基于电子学档的学习、个性化学习、个别授导、操练与练习、教学测试、教学模拟、教学游戏、协同实验室、虚拟实验室、情境化学习、虚拟学伴、虚拟学社、虚拟教室等。可以肯定的是，伴随着教育信息化过程的不断深入和发展，新的信息化教学模式也将不断地涌现，构成丰盈的新型教学模式体系。

2.特征

作为信息化教育的具体表现形态，信息化教学模式具有信息化教育的一般特征。它的表面特征是信息技术的应用，深层特征则涉及人才观、教育观、学习观、教学观、技术应用观、评价观等方面的系列变化，是自觉适应信息、知识时代需求的必然选择。

（二）信息化教学模式的作用

信息化教学模式通过调整相应的教学方式、评价方式等，推动学生的适应信息时代的知识的增长、能力和素质的提高，从而更好地适应时代对教育教学改革的要求。

1.发展学生适应信息、知识时代所需的素质

进入知识经济时代后，人才素质的结构逐渐偏向于知识劳动者，传统的产业工人相对减少。国内近十年来的调查数据显示，信息时代对知识劳动者的相关知识、能力、情感和素质等方面将会有更高的要求。

（1）从"3R素养"走向"3T素养"：工业时代主要重视"3R素养"——读、写、算；信息时代更加强调"3T素养"——技术运用、团队协作、迁移能力。

（2）对因特网、电子邮件、文字处理软件、知识管理、制图软件等一系列相关的计算机软件技术进行学习和掌握，并能熟练地运用。

（3）对团队协作与组织能力、信息技术素养、问题解决能力、决策能力等多种适应生存与发展的技能进行培养与内化，将之转变为自身所具备的生存技能。

2.变革学习方式

信息化教学模式的重要旨趣之一就是变革学习方式。在信息技术提供思想和方法的支持下创建新型的学习方式。

（1）走向创新性学习。进入信息化时代后，传统的继承性学习已经满足不了时代的需求，因此要逐渐走向创新性学习。创新性学习的内涵体现在两个方面：①学会，即对自然科学和社会科学的必要知识进行学习掌握，同时对一些相关的技能、态度以及道德品质等进行培养与提高；②会学，俗话说"授人以鱼，不如授人以渔"，讲的就是要想有源源不断的收入，就要掌握根本的学习能力，包括思维、观察、动手等各项学习能力，其中最关键的是拓展思维与创新能力。实现创新性学习一般要遵循以下原则：①准确快速地筛选和存储所需要的信息；②根据这些信息进行实践活动，并能成功地解决某些问题；③运用自身的创新意识，在拆分重组的过程中提出新颖的观点与看法。

（2）走向自主学习。信息化教学模式主张打破传统学习模式下学生被动接受知识的状态，转而培养拥有自主学习能力的学习者，不断发展和提升学生学习的主体性、能动性和独立性，让学生能主动地根据时代的变化，逐步更新自身的知识与能力结构。另外，其重视自主学习的主体性和参与性的特征，让学生自觉积极地参与社会和集体组织的活动，保证这种自主性的合理、合法性。这也符合我国新课程改革倡导人的主体性、能动性和独立性的学习宗旨。之所以如此强调自主学习的重要性，其作用主要体现在两个方面：①每个人生理和心理发展的必然趋势就是实现行为的自主性，同时行为自主性也是决定一个人是否成熟的关键因素；②个人只有具有了自主学习的能力，才能为终身学习、个性化学习以及教育终身化提供相应的保障，才能跟上时代进步的步伐，有效地融入团队合作中，实现自我的可持续发展。

（3）走向个性化学习。由于每个学生的天赋和理想不同，因此想要实现个体的成功，教师就需要重视每个学生的个性化需求，这是保证学生充分发展的前提。如今，信息化时代已经为每个学生提供了其所需的各种学习条件，学生要努力抓住这个机会，运用自身独特的学习方式，各取所需，满足自身的个性化需求；另外，也需要教师以学生为中心，因人而异地进行针对性引导，帮助学生实现个性化学习。

（4）走向基于技术的学习。信息时代强调的就是在信息技术的支持下，学生要进行自主、协作、反思和探究性学习，充实自身。学生要在掌握并能熟练运用这项生存技能的前提下，主动利用网络提供的多样化的学习平台，包括开放性学习环境、建构主义学习环境、基于项目的学习环境等丰富多样的环境，实现时间、空间、内容、对象等开放的学习模式。

总之，信息化教学模式的旨趣在于根据时代对人才素质的需要，充分发挥信息技术的功能，变革传统的学习方式，有效促进学生高阶能力的发展。

三、信息化教学模式建构的支柱类型

（一）素质教育与新课程理念

1. 素质教育

素质教育是为适应时代发展和人的发展需求而形成的教育理念集合。20 世纪 90 年代以来，人们对素质教育的定义和内涵展开了持续不断的研究，取得了不少共识。素质教育是根据时代社会发展和人的发展需要，以全面提高全体学生的基本素质为根本目的，以弘扬学生的主体性为主要精神，以注重潜能开发和健全个性发展、注重培养创新和实践能力为根本特征的教育。

2. 新课程教学理念

为了顺应时代发展的特征和世界教育改革的发展走势，构建符合素质教育要求的基础教育课程与教学体系，我国颁布了《基础教育课程改革纲要（试行）》和一系列新课程标准，推动了我国基础教育课程改革步入实质性的发展阶段。

（1）新课程改革明确提出要实现三维目标：从基础的知识技能到个人的情感、态度与价值观，实现以学生发展为主的完整的课堂教学目标，抛弃传统的以知识和学科为主的发展理念，促进每个学生知识、能力、态度的全面发展。

（2）新课程改革提出了"能焕发出生命活力"的理想课堂教学形态。新课程倡导的理想课堂教学蕴涵三大理念：生活性与生活紧密相连；发展性——促进每一个学生的发展；生命性——学生在学习过程中充分体验生活的乐趣，激发潜能，享受生活，教师从其自身的创造性工作中得到生命的高峰体验，即自我价值的实现。

（3）新课程改革注重信息技术对教学过程的促进作用，力求信息技术与学科课程进行融合，借助信息技术提供的多样化的教育环境和认知工具，从根本上实现学习方式、教学方式、师生互动方式的改革。

（4）新课程抛弃以教师为主的传统的教学体系，强调教师要扮演好作为学习促进者、研究者、建设者的角色，鼓励学生进行自主学习。随着教师角色的变化，教师也应该调整相应的教学行为：强调帮助和引导学生进行学习；要保持对学生的尊重和赞赏；在教学过程中，注重反思教学；教师与教师之间应合作教学，共同进步。

（5）新课程对教学评价观进行了适宜的改革：重视评价促发展的功能，而不是传统的通过评价进行筛选与选拔；提出多元化的评价指标，强调评价人员应全面客观地进行评价；运用多样化的评价方法，保证评价的质量；依靠多个主体进行评价，保证评价的客观性；评价重心应由原来的结果评价转向过程评价。

总之，新课程教学理念不同于素质教育从价值观、目的观等宏观方面指导信息化教学模式建构的理念，它从微观角度，通过对教学目标、学习方式、教师角色这些细节方面为信息化教学模式建构提供理论指导。

在新课程教学理念的指导下，信息化教学模式建构需要做到以下几点：①注重学生创新思维能力的发展；②在保证教学目标整体性的前提下，实现课堂教学形态的创新与完善；③要适应人和时代发展的需要；④实现教学关系、教学过程、教学方法等一系列学习方式的根本变革；⑤强调学生的主体性地位及师生之间的交流互动作用；⑥实现以建构主义先进理论为指导、基于信息技术的教学模式。

因此，对信息化教学模式的建构来说，教育者应当自觉接受素质教育理念和新课程教学理念的引领，超越、制衡基于工业时代的教学模式建构与实践倾向，准确定位自身的功能和价值。唯有如此，信息化教学模式的建构与实践，才有可能成为一种与时代协同演进，通过促进教育变革进而推进社会变革的积极力量。

（二）建构主义学习理论

1.建构主义学习理论的基本要素

（1）要素框架。尽管建构主义学习理论内涵十分丰富，甚至还存在着许多分歧，但其中一些关键性的要素，仍获得了比较广泛的认同。从过去20年来教育学家、发展与认知心理学家、神经心理学家、学习和教学理论家、社会学家、人类学家和其他学术研究工作者在学习理论研究方面所取得的成就来看，情境、建构、专注、能力和共同体是其中的关键性和共同性要素。

（2）要素释义。①情境。学生应该意识到情境对学习活动以及学习效果的影响，包括时间、地点、人物、事件多种因素。在力求学习任务与现实条件相匹配的条件下，更高层次的情境创造，能够帮助学习进行知识的迁移，促进学生进行发现、探索、实践的多种学习活动。②建构。在实际建构与虚拟建构的支持下，学生可以实现心智的模式化，即顺应新经验的变化，重新构建心智模式，如搭积木这类实际建构和在计算机屏幕上绘画等虚拟空间的建构。建构在学习活动中具有至关重要的作用，其意义不容忽视，它除了能为学生顺利完成学习上的建构任务提供强有力的支持，还为学生将来能更好地在职业生涯中胜任知识工作提供了相应的方法指导。③专注。在学习过程中，学生内在的动机对更好地完成学习任务有着极大的推动作用，甚至比外在动机的作用更加明显。一项有关研究证明，学生如果能从内心真正关注自己的学习任务，激发内在的动机，那么其完成任务的效率就越高。在信息化时代，当学生面临一些较为困难、棘手的任务时，就需要发挥自身自立、自主和自我激发的能力，力求出色地完成任务。在这方面，基于项目的学习和问题求解的学习，为学生的能力准备提供了充分的训练、帮助和引导。④能力。每个人因为其行为类型和爱好特长不同，就会形成不同的智能结果。多种智力理论都强调多样化的学习方法、多种学习风格以及多种理解表达方式，其重要作用不言而喻。因此，多元智能的发展以及相互匹配对学生创造性地解决问题起到了至关重要的作用，并使学生的学习获得最大化的效益。⑤共同体。信息时代的学习或者工作，都需要同伴之间的协作学习、共同体的学习等方式来应对出现的问题。小组之间的互动、同伴与指导教师的指导建议以及工具、条件等各种环境因素的影响，能够有效地促进学生具备相应的时代知识与能力，更好地适应未来社会生活。由此可以看出，实践共同体对知识时代的学习和实现自身终身学习的巨大影响和作用。

2. 建构主义的知识、学习和教学隐喻

（1）建构主义的知识隐喻。①知识的建构性。知识是由个体在新旧经验的相互影响、相互渗透下进行积极建构的过程中产生的。由此可以看出，知识并不是对外部客观世界的被动反映，而是个人主动对知识的建构，换言之，知识是人对主观世界的主动创造的意义，而不是对现实意义的发现。而个体认知功能的适应性能促进主体对这个无限复杂地世界的创造和组织。②知识的社会性。知识受个体大脑控制的同时，也受社会共同体的影响，在个体与社会的互动交流中，以工具为媒介进行转化，形成一个完整的发展实体，因此建构主义着重强调知识的社会本质。③知识的情境性。知识不仅是个体内部的反映，也是个体与社会进行协商互动的产物，建构主义对学习的社会、历史和文化本质做了深刻研究与分析，强调认知与学习的互动特性。④知识的复杂性。世界的高度复杂性和普遍联系性决定了知识的复杂性。建构主义者运用自身独特的建构方法，对在特定情境中经求知过程产生的知识进行建构，形成自身独有的知识结构。这种求知过程可以是对真理的质疑、对知识的好奇与渴望等。知识的建构性、社会性、情境性以及结构的开放性和不良性都属于知识的主要存在特征。⑤知识的沉默性、隐性。知识由真实存在于个体内外部的显性知识和源于个体生活经验的隐性知识构成。人运用显性知识进行互动与交流，而隐性知识弥漫于人的意识活动中，对人进行知识层次的融会贯通有着至关重要的作用；而显性知识只是离散地分布于人的意识活动中，显性知识源于隐性知识的转化，隐性知识是显性知识的基础，两者互为前提，相互转化。由于隐性知识的重要性，因此建构主义更加强调要进行隐性知识的了解与学习，这与客观主义强调显性知识形成鲜明的对比。

综上所述，建构主义强调的是知识的建构性、社会性、情境性、复杂性以及沉默性、隐性。知识是一个不断认知、体验和建构的过程，因此人们应该承认其动词的特性，而不应仅从名词的角度来看待。

（2）建构主义的学习隐喻。建构主义学习理论强调的是知识的建构而非传授，是个体与社会互动的产物，其在理解和意义制订方面，并不针对知识本身进行研究。建构主义学习理论体现了当代学习理论研究的发展态势。

（3）建构主义的教学隐喻。从建构主义的知识隐喻和学习隐喻中，可以总结出五大相关的教学隐喻。①个人意义的学习环境的建构是在教学提供的认知工具和丰富资源的前提下，通过学生与外部环境的交流互动实现的。②建立有助于交流、协商的"学习共同体或学习者共同体"。③主动为学生提供真实的学习情境，鼓励学生积极参与，让学生在实践过程中实现对所学知识的运用。④在由多维度的知识组成的系统中进行知识学习，在其掌握和运用的过程中要遵循知识的多元化特征。⑤重视隐性知识的学习与扩展，创建符合隐性知识的学习环境，在人与人、人与社会环境的互动中，发挥个体的自身经验中所隐含的隐性知识的作用，潜移默化地进行知识的内化，并在不断的实践中积累相关社会经验，增加个体的隐性知识。

总而言之，建构主义作为信息化教学模式建构的关键理论基础，与客观主义表达的知识观、学习观和教学观截然不同。纵观历史，教师都以学习理论为基础进行相关教学设计，因此，在对学习理论进行更新变革时，必定会引起教学设计理论与实践的同步变革。有关学者提出：要想从根本上全面地改革现有的课程与教学模式，就应该在遵循素质教育的理念上，借助信息技术进行教育理念的更新、完善相关基础设施以及开发适用于个体的认知工具，同时适应时代对人的基本素养的要求。改革以培养和发展人的基本素养来实现素质教育，整合不同的建构主义观点，汲取精华，以实现课程与教学模式的成功变革。

（三）作为学习工具的信息技术

1.技术的作用

总的来说，技术是适应时代生存与发展需求的必备素养。在教育与学习方面，技术有利于引发和支持教育变革，有益于促进学习者的有效学习。恰当地运用技术对学习起着十分重要的作用，不仅能激发学生学习的自主性，同时延长了学生有效的学习时间，让学生在自己兴趣的驱动下进行自主构建。相应地，学习效率就会得到极大提高。学生借助相关的技术，对学习资源进行整合利用，培养合作精神，在合作学习中提升自身的创新和思维能力。同时，教师应引导学生在学习中进行自我反思与评价，及时地调整学习方法，提高学生解决问题的能力。此外，技术还有助于创设和维护新型的学习生态环境。技术在学习中扮演着不同的角色，可以作为媒体，向学生传递多样化的知识信息；可以作为学习过程中的监控工具，起到规划设计、监督与评价的作用；也可以用于信息的加工处理，对多样化的信息资料进行整合分析，便于学生的理解和内化，并通过创新重组形成新的知识信息；还可以作为学生之间交往互动的工具。

由此可以看出，技术拥有多重身份，不仅是一种目的，也是一种工具，然而技术在学习中起到的只是理论假设的作用，其实际的成效还需要结合正确的技术应用观来实现。

2. 作为学习工具的信息技术

学习工具，是指有益于学生查找、获取和处理信息，交流协作，建构知识，以具体的方法组织并表述理解和评价学习效果的媒介。从古至今，学习工具的类型多种多样，但是在信息时代，信息技术作为一种学习工具出现，在教学模式的建构与实践中起着至关重要的作用，其是基于技术学习的主要体现。

信息技术作为学习的工具，在信息化教学模式建构与实践中扮演的是"中介"的角色。在信息化教学设计与应用中，教师应该充分发挥学生个体与技术相应的认知功能，结合两者的功能优势进行设计变革，主要应做到以下几点。

（1）充分发挥信息技术作为各种学习工具和促进学生学习的作用。

（2）当学生面对的是复杂性任务且学生不具备解决问题的能力时，教师就需要在教学设计时考虑到这方面因素，运用认知工具开展适当的思维活动，提升学生的能力，以为学生提供相应的支持，帮助学生解决问题。认知工具种类繁多，在学习与教学过程中融入相应的认知工具，可以为学生提供技术支持，方便学生认识和了解问题的本质，比如在研究过程中融入心智模式工具，就可以实现学生思维过程的实时体现。

（3）为学生提供计算机介质通信系列技术的方式，帮助学生实现信息的传递与共享，方便学生之间的交流与合作。学习不是独立的活动，教师还要注重群体之间的协同合作，让学生可以运用计算机介质通信系列工具提供的交流平台，实现社会性交流的知识共享，在学生协作交流圈中进行信息和知识建构的共享，并通过共同讨论分析总结出最佳答案。因此，学生可以恰当地运用计算机介质通信技术，对同一个问题进行深入的研究探索，进而解决问题。

第二节　现代信息技术下高校英语教学模式的理论框架

一、新型高校英语教学模式理论框架

（一）多模态、多媒体、多环境理论

顾曰国教授在主旨报告《多模态、多媒体、多环境下大学英语学与教理论与实践》和以往的研究中，对"多模态""多媒体""多环境"三个基本概念进行了界定，并对多模态、多媒体、多环境下的学习行为进行了剖析。

1. 多模态

模态是人类通过感官与外部环境之间的互动方式。这里的感官不仅包括视觉、听觉、嗅觉、触觉、味觉，还包括医学上新发现的平衡感、距离感等。多模态指用三种或三种以上感官进行互动。在互动过程中，人类可以将来自多模态的信息打包捆绑成整个的体验。模态越多，人类所获得的信息和体验就越充盈。例如，如果亲口品尝到北京烤鸭，至少涉及视觉、嗅觉、触觉和味觉，而如果只看到北京烤鸭的图片，那就只涉及视觉，因此前者的信息和体验比后者更为充盈。另外，顾曰国教授把输入和产出之间发生模态变化的学习行为称为"模态转换学习过程"。例如，让学生把读到的内容复述出来，就是一种模态转换学习；如果只让学生理解所读到的内容，则是同模态学习过程。顾曰国教授提出，恰当的模态转换可以增强学习者对所学内容的内化度，提高内容记忆的持久度。换句话说，越充盈的体验、越丰富的模态转化，对学生学习越有利。

2. 多媒体

要理解多媒体这一概念，首先要区分物理媒介和逻辑媒介。物理媒介指装载内容或信息的物理介质，如纸张、磁带、光盘等。逻辑媒介是指在物理媒介上装载内容或信息的编码手段，如文字、模拟音频流、数字音频流、图像及视频流等。界定某内容是否为多媒体材料，是以逻辑媒介的使用数量为划分标准的。使用三种或三种以上逻辑媒介的，就是多媒体内容。在这个定义下，文字材料印在纸介上是单媒体材料，声音录制在磁带上也是单媒体材料；但如果一张光盘上有文字、图片、音频流、视频流，那么即使装载内容的物理媒介只有光盘一种，这里的内容也是多媒体内容。显然，与单媒体材料相比，多媒体材料

更有可能触发多模态的体验。这也是多模态学习和多媒体学习经常交织在一起的原因。

3. 多环境

学习环境可分成不同的类型。例如，对在校学生而言，有教室、图书馆、自习室等物理环境；有包括课程设置、课程设计理念、教师教学模式等在内的学术环境；有由学生处、教务处等构成的管理环境；有通过计算机广域网构成的虚拟教学环境等。环境向学生同时提供便利和限制。例如，图书馆向学生提供博览群书的机会，同时框定学生在馆内的行为以及博览群书的权限。再如，教师的知识面等构成对学生的框定，而针对学习任务采取行之有效的教学手段又可为学生提供机遇。学习可以说无处不在，发生在多种混合环境中。各环境因素都提供框定和机遇，从而左右学习效果。因此，大学英语教师在教学设计中应尽量为学生创造可以获得充盈体验、进行模态转化学习的环境，并充分考虑多种环境因素，特别是多种环境下的学习集成型模式。

（二）信息技术与英语课程的生态化整合理念

近年来，英语教学研究非常重视信息技术，整个英语教学研究范式已由"理论、方法到课程或教材"转变成"从理论、方法、技术到课程或教材"。

在这种情况下，厘清计算机等现代教育技术与英语教学的关系问题尤为重要。

关于二者的关系，目前广为接受的看法是将计算机视为辅助语言学习的工具，但是这种观念存在很大不足。计算机作为辅助工具应用于教学，具有四个特点，分别是：①计算机仅充当辅助教师的演示工具；②教学内容基本与课本一致；③学生仍被视为被动接收知识的对象；④未改变以教师为中心的教学结构。以上四个特点限制了计算机本可以发挥的作用。上述问题的根源在于将计算机定位为"辅助"工具，而不是英语学习的有机组成部分。因此，要充分利用计算机等现代教育技术，就必须将其视为与书本一样的语言教学必备元素。

计算机成为语言教学必备元素的方式就是通过信息技术与英语课程的生态化整合。信息技术与课程的生态化整合，实际就是通过信息技术有效地融合于各学科的教学过程来营造一种信息化教学环境，实现一种既能发挥教师主导作用又能充分体现学生主体地位，以"自主、个性、探究、合作"为特征的教与学的方式，从而把学生的主动性、积极性、创造性较充分地发挥出来，促使传统的以教师为中心的课堂教学结构发生根本性变革，形成"主体导向"的教学结构。因此，整合的内涵可概括为三条：①营造信息化教学环境；②实现新型教与学的方式；③转变传统教学结构。

（三）基于建构主义的教学理念

根据以往研究，基于建构主义的教学理念与基于客观主义哲学观的传统教学理念相对立，二者在知识观、学习观、教学观、评价观、教师和学生角色、目标倾向、价值取向、信息技术应用、教学设计等方面截然不同。

传统教学理念以客观主义哲学为基础，认为知识是客观、稳定、非情景化、抽象的存在，是客观世界的表征。因此，知识外在于学习者，是可以传递的，教与学就是知识传递的过程。这种教学理念重知轻行，片面强调系统掌握各学科的理论知识，因此教出来的学生缺乏必要的专业实践能力或动手操作能力，只能获得低阶的、没有深入理解也无法运用的知识。因此，传统教学模式普遍采用注入式或灌输式的授课方式，教学组织形式和方法不够灵活，学生的学习方式是机械地接受知识，学校的培养方式也是统一的培养模式，没有根据学生的不同来制订个性化的教学设计和教学模式。

建构主义教学理念的哲学基础是建构主义，由维柯、杜威、维果斯基、皮亚杰等哲学家提出并发展。建构主义认为，与其说知识是名词，不如说它是动词。知识是一个不断认知、体验和构建的过程；知识不是外部世界的表征，而是由个人创造出来，用来理解亲身经历、构造意义的。学习的过程就是知识构建的过程，是在一定情况下，针对无法满足需求的知识进行质疑、探求、构建和协商的过程。教学就是创设有助于意义建构的学习环境，创设有助于交流协商的学习共同体。与传统理念的重知轻行不同，建构主义教学理论提倡知行合一，其目标是令学生获得高阶知识，促进学生实践能力的发展。在建构主义教学模式下，师生是双主体和互动对话的关系。建构主义教学理念倾向的技术应用观是"用技术学习"，主张把信息技术作为学习工具，它克服单一的以讲授为主的班级形式，超越传统的"讲中学""坐中学"，走向"例中学""做中学""探中学""评中学"，最大限度地丰富学习资源、时空、方式和体验，以提高教学成效。

二、新型高校英语教学模式理论框架的核心

综览上面三种教学理念可以发现，它们共同强调两个核心要素，即学习环境的创设和教学结构的转变，它们互相依托、互相补充。这是三个理论成分得以整合成为一个理论框架的基础。

（一）学习环境的创设

多模态、多媒体、多环境理论强调创设更能让学生获得多模态充盈体验以进行模态转

化学习的环境；信息技术与英语课程生态化整合理念强调创设生动的数字化学习环境；建构主义的教学理念强调创设有助于交流协商、意义建构的环境。这三种环境实际上彼此相容，甚至通过彼此来实现。首先，如顾曰国教授所指出的，在当今教学实践中，多模态学习经常依靠多媒体学习来实现，而数字化环境是多媒体学习的必要条件。其次，与计算学理论构成的理论框架相比，该研究提出的理论框架的最大优势在于更为系统、细致，因此以其作为基础建立的教学模式更具可操作性，在教学设计中更容易实现。

但是，在以此理论框架为指导建立具体的教学模式过程中，容易出现一些问题。首先是在教学模式设计中，教师、学生、计算机之间的互动往往不够。某些网络教学内容仅是课本的翻版，并不能让每个学生都真正成为参与者和贡献者。此外，部分学校的技术环境仍有欠缺，这也是教师、学生、计算机之间充分互动的一大障碍。另外，在这样的教学模式下，计算机和网络成为书本一样的教学必需品，如何保障硬软件条件、维持系统良性运转也是不得不考虑的问题。其次是教师的角色问题。计算机技术的广泛应用不代表教师作用的淡化。事实上，在该研究提出的理论框架中，教师仍是学习共同体中的重要一员，而不仅仅是计算机的开启者和网络维护者。过分地依赖机器，教学就流于一种技术的展示。当然，这些问题在单纯以建构主义理论或以计算机辅助语言学习理论为基础建立的理论框架下同样容易出现。如何在教学模式设计实践中真正践行某种理论框架，是所有高校英语教学单位需要花费大量精力和财力才能解决的问题。以信息技术为基础，对大量音频、视频资源进行有效的收集、处理、整合、存储、传输和应用的数字化环境，几乎可以自然而然地触发多模态学习，即数字化环境在某种程度上成了多模态学习的充分条件。另外，鉴于在建构主义视域下，知识作为个人经验的合理化以及个体与他人经过协商后达成一致的社会建构，主要通过互动来搭建，借助计算机和网络技术使教师和学生、学生与学生之间的联系显著加强的数字化学习环境正是有助于交流协商、意义建构的环境。

（二）教学结构的转变

在传统教学理念和模式中，教师是主动的传授者，学生是被动的接受者。而在建构主义教学理念下，学生与教师同样具有主体地位；在计算机与英语课程生态化整合理念中，学生是主体，教师是主导；在多模态、多媒体、多环境理论中，教师的主要作用在于创设环境以帮助学生获得充盈体验并进行多模态学习，实际上也暗示了学生为主体、教师为引导者的观念。三种理念的共同点是均赋予了学生毋庸置疑的主体地位。另外，生态化整合理念和多模态、多媒体、多环境理论，都将以计算机和网络为主体的信息技术视为除了教师和学生的教学结构组成要素。

（三）相互补充的关系

建构主义的知识观和学习观是多模态、多媒体、多环境理论和生态化整合理念的哲学基础。反过来，多模态、多媒体、多环境理论和生态化整合理念是在现代教育技术飞速发展的氛围下对建构主义教学理念的一种细化。另外，生态化整合理念和多模态、多媒体、多环境具有同样的基础和细化关系。生态化整合理念提升了计算机技术在英语课程中的作用，从而扩大了多模态、多媒体、多环境学习在英语学习中的比例；而多模态、多媒体、多环境学习理论，特别是模态转化学习假说，则给出了在数字化环境下教与学的一个可能方向。

在此基础上，可以勾勒出现代信息技术下新型高校英语教学模式。此新型教学模式的最大特点在于环境的创设和教学结构的改变。这里的环境指的是可以触发模态转换学习的数字化环境，也是有利于意义构建的环境。教学结构的改变则体现在新型学习共同体的建立上。在该新型共同体中，教师、学生、计算机具有同样重要的地位，且任意二者之间都可以进行互动。学生在互动中获得充盈体验，进行模态转换学习。

创新高校英语教学模式是未来大学英语改革的突破口，是提高教学质量、增强大学生英语综合能力的关键所在。高校英语教学模式的创新，要有合适的理论框架为指导，该研究试图提出这样一个理论框架：它整合了多模态、多媒体、多环境理论、计算机技术与英语课程生态化整合理念以及建构主义的教学理念，以环境的创设和教学结构的改变为主要特征，以多模态体验和模态转化学习为实际操作的着力点。该框架具有深层哲学基础和可证伪层面上的假说，既充分考虑以信息技术为代表的现代教育技术飞速发展的大形势，又具备系统性和细致性，可真正指导教学模式的构建。当然该研究期待着更进一步的实际操作验证，以便不断完善与发展。

第三节　信息化时代下高校英语教学模式的构建路径

一、信息化教学模式的设计原则

在科学技术高速发展的今天，信息技术尤其是计算机三大关键技术（人工智能技术、数字化技术、信息和网络技术）的发展，使计算机在英语教学中有了主导教学的可能和条件。换言之，网络媒体支持由"情境""协作""会话""意义建构"所形成的学习环境，使学习者无须完全通过教师传授就能获得知识。在一定的情境即社会文化背景下，从不同层面、角度出发，借助原有的经验、认知结构，学习者可以主动接受和选择加工外来信息，并借助其他人（包括教师、学习同伴、网络交流者等）的帮助，利用所能获得的学习资源（包括文字材料、影音资料、视听媒体、多媒体课件、计算机教学软件、网络上人与人的交流）以及从互联网上文献检索获取的信息，通过与教师、学习同伴等的交流、协作，最终以意义建构的方式来获得。由此，建构主义理论的核心是以学生为中心，强调学生对知识的主动探索、主动发现和对所学知识意义的主动建构。情境、协作、会话和意义建构是建构主义学习环境的四大要素。"情境"是学习者进行学习活动的社会文化背景，学习者在真实的情境下，借助社会性的交互作用和利用获得的学习资源，可积极、有效地建构知识；"协作"是学习者在学习过程中，以已有经验为基础，在特定的情境下，以特殊的方式建构，并强调学习者与教师、学习同伴、网络交流者等的相互作用；"会话"是协作过程中通过人人、人机交互，使每个参与者的思维成果（智慧）为整个学习群体所共享，以实现意义建构。"意义建构"是整个学习过程的最终目标，所要建构的意义在于事物的性质、规律以及事物之间的内在联系。建构主义学习理论的基本特征是"学习的自主性、情境性和社会性"。

基于对建构主义学习理论内涵的认识，建构主义指导下的信息化教学模式设计思路可概括为：在整个教与学过程中，强调以学习者为中心，利用情境、协作、会话和资源等学习环境要素，通过对学习者的知识、认知特征和背景的分析，设计适应学习者的学习资源、学习策略、认知工具，并通过教师和学习伙伴的帮助，充分发挥学习者的主动性、责任感和创新精神，有效地实现对当前所学知识的意义建构。在这种模式下，学习者是知识意义的主动建构者；教师是教学过程的组织者、指导者，意义建构的帮助者、促进者；教材等教学资源是学习者主动建构意义的对象；视听媒体是用来创设情境进行协作学习和会话交流，即作为学生主动学习、协作探索的认知工具。因此，构建信息化教学模式时可遵循以下设计原则。

（一）学习自主性原则

学习是学习者建构知识结构的过程，这意味着学习者不是被动地接受来自外界的刺激，也不是把知识机械地从外界搬到记忆中，而是在原有经验的基础上，主动地对外部信息进行选择与加工，通过新旧知识经验间反复、双向的互动作用过程来获取、建构新知识。也就是说，无论是语言知识还是语言技能，都要靠学生自己主动去学、去练，这样才能有长进；在这个过程中，教师的作用只能是主导而不能包办代替。因此，学习者要通过学习策略训练，培养自身的自主学习能力，在教师、学习同伴等的帮助下实现知识意义的主动建构。

（二）真实情境创设原则

建构主义认为，学习是一个积极主动的、与情境联系紧密的自主操作活动。在这个过程中，知识、内容、能力等不能被训练或吸收，而只能被建构。由此，情境学习的建构总是以学习者已有的知识结构为基础，有选择地知觉外在信息，根据具体实例的变异性建构当前事物的意义，即情境学习借助获得的学习资源，把所学的知识与一定的真实任务和情境挂钩，倡导合作学习，解决实际问题。情境教学具有以下特点：首先，学习的任务情境应与现实情境相类似，以解决学习者在现实生活中遇到的问题为目标；其次，教学的过程应与在现实中解决问题的过程相类似；最后，科学的科目教学应创设有丰富资源的学习情境，其中应包含许多不同情境的实例和有关信息，以便学习者根据自己的兴趣、爱好去主动发现、主动探索，从而实现学习者的认知灵活性，形成对知识的多角度理解，把知识学习与具体情境联系起来。通过多次进入重新安排的情境，使学习者形成背景性经验，从而掌握知识的复杂性及相关性，在情境中形成知识意义的多方面建构。

（三）学习的社会性原则

建构主义认为，学习者与周围环境的相互作用对于知识意义的建构起着关键性的作用。知识不是抽象的，而是与学习的情境，学习者带入这一情境的经验及周围环境有密切关系。知识的复杂性使学习者不可能对知识有全面的理解；同时，由于情境中问题的艰巨性，学习者也不可能完全独立解决。学习者主动从不同背景、角度出发，在教师或他人的协助下，通过独特的信息加工活动（争辩、讨论和提供证据）实现知识意义的重新建构，从而使面对面的或通过多媒体网络进行的"协作学习"成为必然。学习者与周围环境的交互作用，促使学习者对知识的理解将更加丰富和全面（即对知识意义的建构），认知水平也随之得到提升。因此，体现学习社会性的"协作学习"是整个学习群体共同完成对所学知识的社会性建构。

二、信息技术为建构主义理论提供技术支持

信息技术的发展和应用为建构主义学习理论提供了技术层面上的有力支持，促进了教学观念的根本性变革。自主学习理念的应用有效地克服了传统教学中的种种弊端，提高了学习者的认知能力、分析和解决问题的能力，使大学生的素质教育和创新教育落到了实

处，为建构主义学习理论的应用奠定了基础。

（一）超媒体与"自主学习"

认知心理学的研究表明，人类思维具有联想特征，能时常从一个概念或主题转移到另一个相关概念或主题。超媒体就是按人脑联想思维方式非线性组织管理的一种先进技术，它按照人脑联想思维方式，将文、图、声、像等不同媒体信息整合，将讲解、演示、测验等不同教学内容整合，将预备知识、当前知识与扩展知识整合，构成了一个丰富而生动的超媒体学习环境。这和人类思维的联想特征相吻合，从而实现对教学信息最有效的组织与管理，使学习者自由联想能力得到发挥，促进创造能力的培养。同时，教学信息的非线性使学习者可以根据自己的实际情况通过联想，自由选择不同的路径，进入不同的链接点，从一个主题跳转到另一个主题，即从一个链接点跳转到另一个链接点，灵活地浏览各节点的内容（包括文本、声音、图形、图像、动画等），为自主学习奠定了基础。多媒体技术的交互功能提供了图、文、声并茂的多重感官综合刺激，使学习者可以依据自己原有的认知结构、认知水平和兴趣，自由选择、自主控制学习内容及其呈现方式。

（二）虚拟现实技术与"情境学习"

虚拟现实是计算机与用户之间的一种更为理想化的人机界面，人可与计算机生成的虚拟现实环境进行交互，与传统计算机相比，虚拟现实系统具有三个重要特征：临境性、交互性、想象性。在现代教育技术环境中，虚拟现实技术应用图形、声音和图像再构建出逼真的课堂教学情境，将学生置身其中，以求获得最佳的教学效果。人与计算机生成的虚拟现实环境的交互，在虚拟现实技术"构建"的交互性课堂中，教师和学生可以是真实的或虚拟的，学习者可以是一个或多个，教学模式可以多样化以及教学方法的可选择性使教学进度可由多方控制。在教学过程中，学习者和教师同是教学的设计者和控制者，这种教学方式克服了传统班级授课限制学生主动性和独立性的缺点，确保了师生双方的作用得到充分发挥。虚拟现实技术创造和展示各种趋于现实的学习情境，把抽象的学习与现实生活融合在一起，有效地激发了学生的思维，使学生以丰富的想象力实现知识意义上的建构。

（三）多媒体通信网络技术与"协作学习"

多媒体计算机通信网络由计算机通信网络与多媒体技术融合而成，是计算机网络和多媒体技术发展的必然趋势，它兼收并蓄计算机的交互性、多媒体的复合性、通信的分布性及电视的真实性等优点。在网络学习环境中，学习者既可实现信息资源共享，也可实现利用网络介质进行信息交流，打破了地域和时间上的限制，学习者自主地选择学习内容、学习方法、学习时间、学习地点、学习条件，改变了被动的、被支配的、受监控的地位。网络资源共享使学习者获取学习信息的资源极大丰富，帮助不同层面的学习者获取平等受教育和平等竞争的权利，为面向民众的全面素质教育的实施和语言文化交流的国际化奠定了基础。网络教学中的"协作学习""小组讨论""在线交流"等学习策略使师生之间、学习者之间通过交流信息实现情感互动。换言之，网络中的"协作学习"对高级认知能力的发展、合作精神的培养和良好人际关系的形成等具有明显的支持作用。

三、高校英语信息化教学模式的构建

基于以上分析，信息化教学的某些特征为建构主义学习理论提供了技术层面上的支持，其学习环境与建构主义学习理论所主张的学习环境相一致，体现了学习的自主性、情境性和社会性。因此，用建构主义的思想指导信息化教学不仅必要，而且可行。大学英语信息化教学模式可按教学目标分析、情境真实创设、自主学习、协作学习、意义建构五个关键环节进行教学设计。

（一）教学目标分析

高校英语是一门语言实践课，从语言发展的内在规律来看，听、说、读、写、译等五项语言基本技能是紧密相连的。听、读过程是学习者自外而内获取语言知识，即输入过程；而说、写、译则是学习者将所学知识自内而外的再现过程，即输出过程。因此，学习者要根据自己的实际情况构思完成教学目标的方法与手段，通过学习操作实践去实现教学目标。教师提出的教学目标的难度应以大多数学习者能通过为宜，并应具有层次性，以适应不同程度的学习者。教师通常还应指导学习者将一些大的任务分解为几个小目标，以便学习者分步进行学习研究。

（二）创设真实情境

建构主义认为，学习总是在一定的社会文化背景，即与"情境"相联系的在实际情境下进行的。学习者可以利用自己原有认知结构中的有关经验去同化和索引当前学习到的新知识，从而赋予新知识以某种意义。如果原有经验不能同化新知识，则要引起"顺应"过程，即对原有认知结构进行改造与重组。总之，要通过"同化"与"顺应"来达到对新知识意义的建构。学习个体不同，认知特点也会不同。教师要帮助学习者分析自身的知觉、记忆、思维以及动机、经验、情感等因素，找到学习内容与自身认知结构的结合点，用最符合学习者认知心理的外部刺激去促进他们对新知识的"同化"和"顺应"，完成知识意义的建构，并把其智力引向更高的水平。目前，我国已拥有卫星网、DDN 专网、IP 宽带网和有线电视网等天地合一、多网集成的信息传输运行平台，可通过实时模拟、双向答疑、视、音频文字一体的多媒体、BBS 讨论区、教学内容的网上交流等多种途径，实施教学计划指导下的非实时自主学习，以调动学习者的所有感官和过去的经验去探索与解决问题，使其对知识掌握得更加透彻、形象，有效地促进其朝着个性化学习、自主式学习方向发展，使其在因材施教、个性化发展的过程中完成提高语言水平的实践。因此，创设从不同侧面、不同角度表征知识的多样化情境，可为学习者的探索提供多条路径，使其可随机进入任意学习情境，实现知识的正迁移。

（三）自主学习

当代英语学习理论强调，学习者在学习过程中起决定性作用，在网络学习环境下，学习被看作学习者自发地与外界相互作用的产物。学习不是死记硬背，而是一个"积极地从所发生的事件中寻求（甚至强加）意义的创造性过程"。在这个过程中，学习者要根据自身的水平，寻找适合自己能力的学习起点、学习目标以及学习内容和方法，并确定自己的一套评估体系的能力，以扩大学习活动的自由空间，解决个体差异的需求问题，使每个学生的潜能得到最有效的开发。也就是说，教学对象要从客体过渡为主体，语言本身、教材和教法属于客体，是外部因素；学习者是主体，是内部因素。学习者借助多媒体网络教学系统提供的弹性学习环境，随时随地开展学习，并且能够下载或输出所需材料，从而实现网络资源的提供者和获得者进行实时和非实时的交流，使学习者在学习中遇到的问题能得到及时的解答和讨论。例如，学习者可以有针对性地重点学习词汇用法或学习篇章结构和背景知识，或选择反复训练听力和发音。自主学习的方式突破了课堂时间的限制，不仅适合不同水平、不同学习要求和目的的学习者，也体现了个性化的教学原则。

（四）协作学习

由于知识的复杂性和在情境中解决问题的艰巨性，个人根据自己的经验所建构的对外部世界的理解是不同的，且存在着局限性；只有通过意义的共享和协调，才能使理解更加准确、丰富和全面。由此，协作发生在学习过程的始终，会话是协作过程中不可缺少的环节。学习者通过在内容丰富的情境中的对话与合作，通过对各自见解的协商而达到对新知识的构建与共享。可以说，会话是达到意义构建的重要手段之一。在信息化学习环境下，学习者面对面地进行实时在线语言交流或通过多媒体网络进行实时的文字交流的"协作学习"，使每位网络资源提供者和获取者的思维与智慧被整个网络学习群体所共享，即整个学习群体共同完成对所学知识的意义建构。尽管"理解"属于个人的建构物，无法共享，但个人可以与他人进行交流，通过交流检验和修正自己的"理解"，使之更符合客观规律。网络资源提供者和获取者之间有着动态的信息交互，学习者既可通过访问网络站点进行在线学习，也可通过文献检索在线资源来选择自己所需的学习内容，以达到获得知识的目的。在学习者与教师的协作过程中，学习者获得教师的帮助，教师获得学习者的信息反馈。在情境中学习时，教师既是组织者也是参与者，他们既可以通过电子会议系统、电子黑板等实现同步协作，也可以通过电子邮箱实现异步协作。"协作学习"可在两个以上的学习者之间进行，既可在有组织的情况下进行，也可直接面对面地或通过网络论坛进行。学习者可在比较分析同一问题的不同观点时提升自己的认识结构，加深对知识的理解，并在对不同观点进行梳理的过程中，提高自身知识意义建构的能力。

（五）意义建构

意义建构是学习过程的最终目标，所需要建构的意义是指知识或学习主题等的意义，即事物的性质、规律以及事物之间的内在联系。在这个环节中，学习者要根据自身在学习过程中，通过各种不同形式获得的各类不同信息形成自己的学习体会或研究成果，并且以文字材料、视听媒体、影音资料、多媒体课件和主页等多种形式将成果具体体现出来，以汇报学习成果并进行总结评价（包括学习者个人的自我评价、学习小组对个人学习的评价及教师对学习者的点评），主要目的是使学习者在一个完整、真实的问题情境中产生学习的需求，并通过学习共同体成员之间的协作学习，通过学习者主动探索、亲身体验，完成对知识的意义建构过程。实践证明，意义建构是使学习者适应真实生活，逐步学会独立认识问题、提出问题和解决问题的一条十分有效的途径，有助于学习者在综合实践中提高自身的综合素质。

信息化教学代表先进的教学理念和先进的教学手段。科学技术的高速发展，信息技术的应用为建构主义理论学习提供了技术层面上的支撑，优化了高校英语教学资源与教学环境、教学过程与教学目标，促进了学生的学习效率和教学效果的提高。

应该说，现代信息技术所构建的英语教学环境具有了情景的信息化、英语学习的全球化和个性化，为高校英语教学模式的改革奠定了坚实的基础。因此，现代教育技术支持的当代建构主义学习理论对于知识建构的意义可诠释为：学习是学习者主动地建构内部心理表征的过程，它不仅包括结构性的知识，而且包括大量的非结构性的经验背景；学习过程既要运用原有的经验建构对新信息的理解，也要建构从记忆系统中提取的旧信息；不同的学习者对事物的理解（建构）不同，协作学习有助于使理解更加丰富和全面；其主要表现为在学习过程中，强调以学习者为中心，同时不忽视教师的指导作用，强调"情境"和"协作"等学习环境的设计，强调利用各种资源来支持自主学习，以达到学习的最终目的。

第五章

信息化时代下的高校英语教学方法

第一节　高校英语教学方法

一、高校英语教学方法

（一）高校英语教学方法的基本构架

1. 高校英语教学方法的 AMT 三级构架

美国的应用语言学家安东尼提出了高校英语教学方法的 AMT 三级构架，试图说明高校英语教学科学分析和科学应用两个层面之间既存在不同又相互依赖的关系。安东尼认为，高校英语教学方法的框架具有层次特征。具体来说，方法体系是有关有序呈现语言教学材料的整体计划，这一计划的各个部分都必须相互和谐一致；理论原则是有关语言教与学的一整套相关假设，理论原则具有自明性，也就是自然而然就明了的性质（它是经验论中的词汇，通常用来形容不证自明的公理）。由于教学方法具有程序性，因此在同一个理论原则的基础上，可以建立许多不同的教学方法体系。

安东尼的 AMT 三级构架的层次感和逻辑性较强。这一框架共包括三层，即 Approach（理论原则层）、Method（方法体系层）、Technique（技巧策略层）。

（1）Approach 的任务是阐述有关语言和语言学习本质特征的基本认识和观点。这一层是基础层，直接决定 Method 层，间接决定 Technique 层。

（2）Method 的任务是在对语言和语言学习本质特征的认识基础上，确立语言教学的基本内容、主要形式、操作顺序、活动特征、教学框架等。这一层是中间层，介于 Approach 层和 Technique 层之间，决定 Technique 层，同时被 Approach 层所决定。

（3）Technique 的主要目的是描述课堂教学的技巧、策略、活动、任务等具体内容，这一层是表层，直接决定 Method 层，间接决定 Approach 层。

安东尼的三级构架比较准确地界定了 Approach、Method 和 Technique 的内涵和彼此间的内在关系，正因如此，这一模式至今仍普遍为人们所接受。然而，AMT 三级构架只是把教学理论原则和教学技巧策略描述为教学方法体系的外围结构，不是教学方法体系本身的内部结构，因此，尽管整个概念构架十分合理，其所含的教学方法体系本身仍十分单薄。

2.高校英语教学方法的 ADP 三维构架

罗杰斯和理查兹在安东尼的 AMT 三级构架的基础上，吸收其基本内容，并发现了其中的不足，于是提出了一个更为合理的 ADP 三维构架。ADP 三维构架的各个组成部分彼此独立又相互依存，共同构成教学方法的组成部分，形成了教学方法的完整构架。另外，ADP 三维构架框架不仅把语言和语言学习理论以及教学技巧纳入教学方法体系范畴中，还对方法体系的核心内容进行了具体的分类，使之更加充实和丰富。因此，无论是在内容上还是在形式上，ADP 构架都相对比较完善。

完整的高校英语教学方法应该具有三维描述：Approach（基本理论）、Design（设计）和 Procedure（程序）。其中，Approach 是教学理论原则，主要是有关语言和语言学习的基本理论，包括对语言本质特征的描述，如语言能力是什么，语言结构的基本单位是什么，等等。另外，教学理论原则还描述了语言学习的本质特征，如语言学习的认知过程和心理语言过程是什么，有利于这些过程的条件是什么，等等。从这一点上看，它和 AMT 三级构架具有相似之处。Design 是教学设计，主要是对教学内容、教学形式、教学顺序、教学活动等进行分析和确定，具体包括对教学目标、教学大纲、课堂活动、学生任务、教师作用、教材功能等的描述。教学设计在教学方法的体系中处于核心地位。Procedure 是教学步骤，指教学方法的实施过程，包括课堂技巧、课堂行为、互动模式、时间分配、空间布局、教学设备的使用等，一切在课堂中实际进行和完成的事情都可以是教学步骤的一部分。这三个部分既有所区别，又相互联系。正如罗杰斯和理查兹所说，一种教学方法在理论上与教学理论原则相关，在组织上取决于教学设计，在实践上则需通过教学步骤来实现。然而，从本质上来讲，教学方法本身只是概念的组合，而不是教学实践本身，教学方法的应用才是教学实践。而 ADP 模式把教学设计停留在理论的范畴，把教学步骤推到实践的前台，这种做法使教学步骤与教学设计分离开来，导致一些内容在教学设计和教学步骤中重复出现。可见，这种框架结构虽然对 AMT 三级构架有所完善，但也存在某些不合理的成分。

3.高校英语教学方法的五层框架结构

五层框架结构是王才仁教授在综合前人教学方法构架的基础上提出的，在该框架中，各组成部分的定义及相互关系得到明确。这一框架的精髓在于通过教学策略这一层把与整个方法论相关的概念体系一分为二。Methodology 和 Approach 是教学基础理论原则，是理论部分，而 Method 和 Technique 则是实践部分，这两个部分通过 Strategy 联系，使这五个部分有机统一地出现在一个完整的框架中，形成了一个上下一体、逻辑严密的高校英语教学方法论说明体系。这一模式的提出，丰富了中国高校英语教学方法的研究理论，积累了一份属于中国高校英语教学自己的思想财富。

总的来说，王才仁的五层框架结构在综合前人研究成果的基础上，吸纳了 Methodology 和 Strategy 两个概念，既从宏观上体现了教学方法的整体系统，又从微观上较为充分地描述了不同概念之间的层次关系，是一种比较综合的理论模式。然而该模式也有值得商榷之处。

第一，该模式把 Strategy 定位于 Method 之上，与一般的观点恰好相反，容易引起理解和使用上的混乱。

第二，该模式把教学方法局限在狭小的课堂空间内，不利于教学方法的整体性与教学的整体性保持一致。

（二）高校英语教学主要流派的发展历程

人们对语言和语言学习的不同看法直接导致了不同高校英语教学方法的形成和发展。另外，高校英语教学方法的形成和发展与教学实践社会需求也有着密切的关系。首先，语言学的深入发展以及人们在语言研究过程中所产生的新观点不断改变着高校英语教学所采取的实践方式。其次，人们在高校英语教学实践中积累起来的丰富经验，以及对高校英语教学所取得的新认识帮助语言教师不断发现和理解存在于教学中的一些客观规律，使其不断改进相应的教学方法，进而推动高校英语教学的发展。最后，在不同时期，社会对英语的不同需求也有力地推动了教学方法的不断变革。

1.认知派教学法

认知派以语法翻译法为代表，这一派教学法的主要特点是强调学习者对语言规则的理解和自觉掌握。语法翻译法的主要特点是以理解目的语的书面语言培养阅读能力和写作能力以及发展智力为主要目标；以系统语法知识为教学主要内容，采用演绎法对语法规则进行详细分析；用母语进行教学，翻译是其主要的教学手段。20 世纪中期，古典语法翻译法发展为"近代语法翻译法",开始注重听、说能力的培养,但重视语法和翻译仍然是这一教学法的特点。

20 世纪 30 年代至 50 年代,一种主张通过母语与目的语的翻译和结构对比自觉掌握目的语的教学法在继承语法翻译法的基础上产生,这种教学法被称为自觉对比法。自觉对比法的特点是依靠母语自觉进行翻译对比,重视语言知识的教学,以书面语为基础,不重视口语教学,反对听说领先。进入 20 世纪 60 年代,一种主张在第二语言教学中发挥学习者智力作用,通过有意识地学习语音、词汇、语法知识,理解、发现、掌握语言规则,并能从听、说、读、写方面全面地、创造性地运用语言的认知法(认知—符号法)诞生,这一教学法在新的认知基础上重新肯定了强调语法学习和发展智力的语法翻译法,因此也被称为"现代语法翻译法"。

2.经验派教学法

经验派以直接法(Direct Method,又称改革法、自然法)为代表,这一派教学法的主要特点是强调通过大量的模仿和操练形成习惯,主张以口语教学为基础,按照幼儿习得母语的自然过程,强调用目的语直接与客观事物进行联系教学而不是依赖母语和翻译手段。此外,20 世纪初,英国著名语言教育学家韦斯特创立了一种强调通过直接阅读来培养阅读能力的教学法,被称为阅读法(Reading Method)。该教学法认为第二语言教学的首要任务便是培养学生的阅读能力,强调阅读是基础。另外,在 20 世纪 20 年代至 30 年代的英国,由帕默和霍恩比提出创建的一种以口语能力的培养为基础、强调通过有意义的情景进行目的语基本结构操练的教学法产生,这种教学法早期被称为口语法(Oral Approach),后被称为情景法(Situational Language Teaching)。该教学法提出学习语言需要有两种能力:一种是有意识的学习能力,另一种是有天赋的自然学习能力。这一点可以被看作最早提出区分语言学习与习得的理论。

进入 20 世纪 40 年代,一种强调通过反复句型结构操练培养口语听、说能力的教学法在美国产生,这种教学法被称为听说法(Audiolingual Method,又称句型法、结构法)。听说法的特点是强调听说领先、口语第一,教学内容以句型为中心,通过句型练习掌握目的语,并且在教学过程中排斥或限制使用母语。20 世纪 50 年代,在直接法、情景法以及听说法的基础上,法国产生了一种强调在一定情景中听觉感知和视觉感知相结合的教学方法,这种教学法被称为视听法。视听法的理论基础同样是结构主义语言学和行为主义心理学,其特点具体可概述为强调视觉感知和听觉感知的结合,强调语言和情景的紧密结合,强调先口语教学后书面语教学。

3. 人本派教学法

人本派受人本主义心理学影响，特别强调以学生为中心、教为学服务，并且更多地考虑人文方面的教学因素。比较有代表性的教学法有团体语言学习法、默教法、全身反应法、暗示法、自然法等。

20 世纪 60 年代初，由美国心理学家柯伦提出创立的团体语言学习法（Community Language Learning）主张采用小组集体讨论的形式，即将教师和学生处于医生和病人的关系，并把学习过程看作咨询过程的第二语言学习方法，因此这一教学法也被称为咨询法。加特诺首创了另一种教学法是默教法（The Silent Way），这种教学法要求教师在课堂上尽量少说话，多鼓励学生参与语言活动，从而使学生更有效地掌握运用第二语言的能力。默教法的主要特点集中体现为以学生为主体，教师尽量保持沉默，教学中把词汇看作语言学习的核心。全身反应法（Total Physical Response）也在这一时期产生，这种教学法强调语言学习行为的协调，通过身体动作教授第二语言，主要用于美国移民儿童的英语教育。全身反应法的教学特点主要体现为将学生口语能力的培养确立为教学总目标，通过全身动作的反应来训练理解能力，主张先理解后表达。

20 世纪 60 年代中期，由罗札诺夫提出创立了暗示法（Suggestopedia），它强调通过暗示开发人的身、心两方面的潜力，激发高度的学习动机并创造最佳学习条件，将有意识的和无意识的活动相结合，让学习者在放松而又注意力高度集中的心理状态下进行有效的学习。

20 世纪 70 年代后期，斯蒂芬·克拉申等倡导创立了自然法。这一教学法以培养学习者的口头和书面交际能力为教学目标，课堂活动全部用来交际，强调可理解的输入以及理解的重要性，重视学习者的自然习得过程。

4. 功能派教学法

20 世纪 70 年代，受社会语言学、功能主义语言学的影响，重视培养学生语言交际能力的功能派应运而生。这一派教学法的主要代表是交际法（Communicative Approach）。这一教学法代表了世界第二语言教学法流派的最新发展潮流，也是 20 世纪后期影响最大的教学法流派。

另外，20 世纪 80 年代的英国进入教学法研究的"后方法时代"，一种新型的任务型教学法（Taskbased Teaching）产生，该教学法是在交际法基础上的发展，教学活动以学生为中心，教师设计具体的、带有明确目标的活动，让学生用目的语通过协商、讨论达到学习目的。

以上各种教学法流派在不同时期对我国高校英语教学都产生了比较深远的影响。最早时期，受语言和社会环境的影响，我国在高校英语教学方法上基本采用的是语法翻译法；到了 20 世纪 50 年代至 60 年代，"直接法"从被批判到被客观评价慢慢接受，并且我们自己也慢慢发展出了"相对直接法"；20 世纪 60 年代至 70 年代"听说法""视听法"逐渐受到重视，听、说为主，读、写为辅的教学理念也被广泛接受；20 世纪 70 年代后期，"功能法"传入我国，并成为影响较大的教学法流派。

综上所述，这些教学法流派各有各的独到创新之处，但也有不足之处。作为世界第二语言教学法流派中影响较大的派别，它们的形成和出现都是建立在一定的语言学、教育学、心理学理论基础之上的，在不断地发展演变过程中，不同教学法流派也在保持自己特色的同时不断汲取其他优秀教学法的优点来完善自身。而且教学法的更迭也受整个社会时代发展的影响，从最开始的教学法探索到第二语言习得的兴起再到后方法时代，教学法在教学任务中的角色也在不断转变。

二、高校英语教学手段

高校英语教学手段的发展大致经历了三个阶段：初级阶段、计算机辅助教学阶段和网络辅助教学阶段。

（一）初级阶段

1. 简单教具

自早期的高校英语教学开始，到 20 世纪 50 年代至 60 年代听说法诞生前，高校英语教学与其他学科一样，教学手段都以使用黑板与粉笔为主，以实物、图画、卡片等简单教具为辅。

采用语法翻译法进行授课的教师常大量依靠黑板上的板书与图表，除了大黑板，还时常在课前准备小黑板。不仅教师使用黑板，学生也不时被要求在黑板上默写英语。

而采用直接法进行授课的教师则常使用图画、实物、卡片等辅助教学。图画、实物等具有直观与静态的特点，有助于说明问题，与单调的黑板加粉笔这种教具相比无疑大有进步。例如，图画曾是高校英语教学中经常使用的教具，其具有来源广泛、使用方便、制作简便的特点。特别是某些实物不便被带进课堂或对于某些所学语言国家所特有的东西，便可以用图画来表示。简笔画是图画的一种，它具有笔画简单、形象、生动、易于理解的特点。简笔画不仅人人都能学会，而且画起来很快，教学里使用起来更简便，学生理解更容易，在讲练单词、词组、句子和课文时都可以使用。卡片也是高校英语教学中常用的教具。卡片一般贴在硬纸板上，按题材分类配套，以便保存，长期使用。利用图画既可揭示词和句子的意义，还可就图上人物的动作、位置、关系、衣着、表情等进行问答和谈话。但无论是黑板还是图画等，其形式都比较单一，在培养学生语言能力方面十分有限。

2. 电化教具

20 世纪 30 年代至 40 年代，尤其是第二次世界大战以后，电影和电视开始被引入高校英语教学。随后，投影仪、录音机及磁带、录像机及录像带等也开始进入英语课堂。这些电化教具对高校英语教学的发展具有重要的推动作用。例如，20 世纪 30 年代后，美国等西方国家开始利用广播进行远程外语教学，但是教学效果并不理想。据统计，只有25%～30% 的学生能完成学业并参加考试。但从外语教学的角度来看，通过收听正常语速的广播，对于提高学生外语听力水平十分有利，更有助于学生毅力与独立学习精神的培养。在广播教学之后，电视开始被引入英语课堂教学中。电视教学使高校英语教学更加形象化，视、听结合的高校英语教学效果更优于广播的效果，特别是学生可以直接与教师见面，增进了师生之间的互动，在讲解抽象的语法与其他语言现象时，表现出更明显的优越性。基于其突出的优点，电视高校英语教学很快被世界各国采用。同时，电影和录像也开始被运用于高校英语教学中。电影与录像具有人物形象与情节结构生动、背景知识与文化内涵丰富的特点，不仅可以全面提高学生的英语学习能力，发展学生的思维能力，还能增进学生对所学语言国家的文化知识的了解。但根据教学内容制作电影是很困难的一件事情，录像的制作困难略小，但费时费力。

广播、电影、电视、投影仪等电化教具的运用给高校英语教学注入了巨大的活力。但是，从整体上来看，20 世纪上半期，传统高校英语教学理论与教学方法都偏陈旧，课堂上教师仍占据主导地位，电化教具并没有从根本上转变学生被动学习的状态。

（二）计算机辅助教学阶段

20 世纪 60 年代后期，早期的计算机辅助语言教学开始出现，由于其效益高且使用方便，该教学方式于 20 世纪 70 年代后期至 80 年代得以迅速发展。

在高校英语教学中，计算机的使用共经历了两个阶段：行为主义阶段计算机充当教学辅导员以及认知法与交际法阶段计算机担任学生的角色。与前两个阶段相比，第三阶段的网络教学阶段有了飞跃式的发展，而且仍在继续发展。

1. 行为主义阶段——计算机充当教学辅导员

20 世纪 70 年代前后，计算机辅助教学主要用于以行为主义心理学与结构主义语言学为理论基础的语言结构的教学中，如语法翻译法教学和听说法教学。其基本做法是将一些可以用计算机进行的练习，如词汇与语法的单项练习、阅读理解检查与简单的写作练习等从书本搬到屏幕上。使用计算机进行练习，有利于个别化教学的进行，不仅成绩好的学生可以从中学到许多书本上学不到的知识，学习困难的学生也不必承受太大的心理压力，只要集中注意力，根据自己的情况完成作业即可。此外，计算机含有形式多样的练习方式，如图画、游戏等，这些带有趣味性的练习方式，不仅可以激发学生学习的兴趣，弥补书本上一些枯燥乏味的练习缺陷，而且在学生做完练习后就可以立即知道结果。

但是，此时的计算机辅助教学并没有脱离注重语言结构的框架，它仅是对学生起到辅导作用的单向活动，并没有真正培养学生的交际能力，而且其优越性也没有得到充分的发挥。

2. 认知法与交际法阶段——计算机担任学生的角色

20世纪80年代后，计算机辅助教学常被用于认知法与交际法的外语教学中，目的在于体现以学生为主体的教学思想，重点发展学生的认知能力与交际能力。计算机提供了建立在学生已有知识基础上的情景与练习项目，复习与获得新知识的活动则完全由学生掌握。与前一阶段的计算机辅助教学不同，该阶段的计算机辅助教学提供了录像，有了初步的人机互动，练习也从单句扩展到语篇。然而，这一阶段的计算机辅助教学有了一定的进步，但其仍存在一定的缺点，即人受计算机指挥，只做到了有限度的人机互动、未能做到人控制计算机开展人际交流，也忽视了师生互动的教学原则。

总体而言，相较于语言实验室，计算机辅助教学呈现出显著的优势，具体表现为以下几点。

（1）计算机辅助教学提供比其他教具更生动、更形象的真实情景，它能同时刺激视觉、听觉等多种感官，使学生在进行语言操练时犹如身临其境，可有效地培养学生的交际能力。

（2）计算机辅助教学充分体现了"以学生为主体"的教学思想。录音、录像、电影等各种语言实验室中使用的教具，都是向学生传递知识的工具，其作用是代替教师传授知识，学生被动地接受它们传达的信息。而计算机辅助教学有效增进了师生间的互动，使学生与教师一起运用计算机技术培养语言交际能力。在这一过程中，学生利用新技术提供的人文与语言环境，广泛开展人际交流，有利于由教师主导、以学生为主体的语言教学模式的形成。

（3）计算机辅助教学在实施个别教学上具有很强的灵活性，适合于不同类型的学生，既有利于缓解语言教学中两极分化现象给学习困难的学生带来的压力，也有利于优秀学生的进一步提高，符合因材施教的教学原则。

（4）计算机辅助教学还可用于远程教学，对语言教学的普及有巨大的推动作用。

（三）网络辅助教学阶段

20 世纪 90 年代中期以来，随着计算机的普及以及互联网的广泛应用，计算机辅助教学进入了一个新的发展阶段，即网络语言教学时代。原先以语言练习见长的计算机辅助教学转变成集语言、文化、教育于一体的多功能网络教学，在性质上发生了根本变化。其中，多媒体的运用不仅为教学提供了真实的语言环境，而且通过多媒体还可以开展人机互动，有利于学生与教师之间的相互交流。互联网与电子邮件的运用有利于教师更广泛地开展真实的思想及语言交流活动，也有利于学生全方位英语能力的培养。可以说，多媒体网络教学为现代大学英语教学注入了一股新力量，不断促进高校英语教学的前进和发展。

第二节　信息化教学方法综述

一、信息化教学方法的含义

信息化教学方法是教育者和学习者为达到一定目的，使用现代教育媒体而形成的教与学的活动途径和步骤。信息化教学方法是教学方法体系的一个组成部分，与其他教学方法没有本质上的差别。但是，信息化教学方法强调媒体或信息技术手段的应用，是围绕现代教育媒体的应用而形成的方法。

信息化教学方法必须依据一定的教学理论来展开工作。这是一切教学方法的共性。信息化教学方法不刻意追求某一个教学理论，各种现代教学理论对信息化教学方法都具有指导意义。而且，现代教育媒体的应用并不意味着信息化教学方法与现代教学理论之间有天然的联系，先进的思想可以影响它，传统的思想也可以影响它，从某种意义上而言，信息化教学更需要现代教学理论的指导。

信息化教学方法必须指向一定的目标，解决一定的问题。教学方法的应用要在教学目标的导向下进行，如果没有目标，教学方法也就难以有成效。

信息化教学方法有其特有的结构，这一结构是根据教学的需要，应用现代教育媒体而形成的一系列步骤、环节和过程等。教学方法在实施中都要展开其步骤和环节等结构性因素，但是信息化教学方法的实施、现代教育媒体的应用会使这些结构性因素发生变化，如有些教学活动在现代教育媒体的支持下可以使教学双方的步骤非同步展开。

信息化教学方法来自两方面：一方面是在原有的教学方法的基础上融合现代教育媒体的应用，使这些方法有了新的特点，如在传统的讲授法的基础上结合幻灯片、电视等媒体的演播；另一方面是在运用现代教育媒体的基础上形成新的教学方法。

二、信息化教学方法的分类

从不同的性质特点出发，可把信息化教学方法分成不同的种类。分类的目的在于明确各种信息化教学方法的概念与特点，以便能够正确选择运用。

（一）从学科性质分类

按照学科性质的不同，信息化教学方法可分为语文信息化教学法、数学信息化教学法、物理信息化教学法、化学信息化教学法、地理信息化教学法等。学科信息化教学方法是研究信息化教学媒体在不同学科中运用的方法，主要是研究信息化教学媒体对不同学科内容的表现方法。

（二）从媒体种类分类

信息化教学媒体丰富多样，各种不同的媒体在教学中有不同的使用方法，据此可将信息化教学方法分为幻灯投影教学法、广播录音教学法、电视教学法、电影教学法、计算机辅助教学法、语言实验室教学法等。媒体教学法的实质是研究各种不同的媒体在教学中的具体运用，包括运用的原则环境与具体方法等。

（三）从媒体的教学属性分类

综合考察各种信息化教学媒体的教学属性、主要刺激的感觉器官、依据的教育教学理论等因素，信息化教学方法可分为媒体播放教学法、程序教学法、训练教学法、微型教学法、成绩考察法等。

（四）从教学内容分类

按照教学内容的不同，信息化教学方法可以分为以传授知识为主要目标的播放教学法和程序教学法、以训练学生技能为主要目标的微型教学法、以检查学生学习成绩为主要目标的成绩考核法。

三、信息化教学的基本方法

目前，在教学实践中可用的信息化教学方法多种多样。在信息化教学中，教师要利用有限的几种基本教学方法，根据具体教学情况加以选择或综合运用，从而创造出适用于某一学科中某一课题的某一具体情景的具体教学方法。那么，面对可供选择的信息化教学的基本方法，究竟选用什么样的方法？如何运用恰当的教学方法来帮助教师实现有效的信息化教学？这就要求教师了解这些方法，对它们进行具体的分析，并讨论这样一些问题：不同的信息化教学方法各有哪些特点？有哪些优势？由哪些具体活动组成？适用的范围和条件如何？当从这些方面对信息化教学的基本方法进行具体的分析之后，教师就能较好地认识它们，从而根据教学内容的不同、教学对象的差异、教学目标的区别、教学时间的松紧和自己的特长，选择运用一种或几种基本教学方法创造出生动活泼的具体教学方法。下面围绕信息化教学方法的特点、优势、应用步骤、适用范围和条件等问题，介绍一些基本的信息化教学方法。

（一）讲授—演播法

讲授—演播法是将教师的讲授与播放媒体相结合的教学方法。这是课堂教学中最常见、最普遍的方法。教师的语言表达是进行教学信息传递的最基本的途径之一，讲授的方法具有一定的历史。现代教育媒体的出现，给传统的讲授法增添了现代化的色彩。讲授—演播法的特点是讲授、讲解能充分发挥教师语言表达的优势，渗透教师个人的语言特色和魅力，可以将知识的逻辑关系和结构系统地传授给学生，以较少的时间向学生传授更多的知识；而媒体的演播可以让学生看到和听到所学的事物和现象，拓展其认识客观世界的时间和空间。教师在口头讲授的同时，可利用媒体手段把讲授中的难点和重点内容，尤其是抽象的内容加以表现，或给学生提供直观形象的内容，或给学生设置情景，使教师的讲授锦上添花，既增加了教师对信息的表达能力，也丰富了学生获得信息的形式。

讲授—演播法把讲授的特点与媒体播放的特点进行了结合。现代教育媒体在讲授—演播法中主要扮演辅助教师讲授的角色，如呈现事物和现象的图像和声音、增加感性的材料、烘托课堂气氛、精练板书等。讲授—演播法既可以教师讲授为主，媒体的播放围绕讲授而展开，也可以媒体播放为主，讲授结合媒体的播放而进行。

讲授—演播法的应用步骤有多种,下面介绍两种典型的步骤。

1. 第一种典型步骤的具体活动内容

(1)唤起回忆,引入课题。利用媒体展示事物的图像对该事物进行回忆,同时引入课题。

(2)提出问题,锁定任务。教师在对事物介绍的基础上提出问题,引出并锁定课程的任务。

(3)进行活动,实现目标。教师播放媒体,给学生观看相关的视频内容,并指导学生阅读文字材料,通过思考、回答问题等一系列活动实现教学目标。

(4)总结完善。教师用投影片和概要、简练的语言进行课堂总结。

2. 第二种典型步骤的具体活动内容

(1)引入课题。以媒体展示具体事物的形象,暴露问题,吸引学生的注意力,引入课题。

(2)转化概念。由形象的东西转化为抽象的概念。

(3)学生活动。教师进一步提供新的材料,让学生进行思考、议论等活动。

(4)教师总结。教师对课题的结果进行总结。

(5)概念应用。学生在新的情境中运用所学的概念解决问题。

讲授—演播法适用于教材系统性强的学科,适用于传授和学习事实、现象、过程性的知识,而且较适用于中学和较高年级。使用这种方法需要教师有较强的语言表达能力和运用现代教育媒体的能力,并且要求学生有较高的学习自觉性和听讲的能力。

(二)程序教学法

程序教学起源于美国心理学家普莱西于1924年设计的第一台自动教学机器,形成于20世纪60年代斯金纳小步子直线式程序教学理论的提出。程序教学的理论基础是斯金纳创立的操作性条件反射学说和强化理论。

程序教学法就是在这种理论指引下组合和提供信息的一种特殊方法,是教师根据一定的教育学、心理学和教学理论,按照被评定的教学对象的状况,把预先安排的教学内容分解为按一定的严格的逻辑顺序排列的小单元,并构成程序教材,然后通过一系列专门的问题和答案,再通过教学机器由学习者操作显示的教学方法。它要求学习者及时反馈并立即决定是否进入下一个小单元的学习。实际上,程序教学法可以理解为一种自学方法,每位学生都可以自由支配自己的学习进度,每一步都建立在前一步的基础上,所学知识能在每一步之后得到立即强化。程序教学法的特点是：在教学过程中，学生能够积极参与学习活动，思维始终处于高度积极的状态；能充分发挥学生的主观能动性，使学生创造性地学习；人机交互中信息反馈及时、强化有力、指导有方、评判公正；不同的学习者可以自定步调，以适应个人的学习进度，有利于个别化教学；对学习能力较低的学生来说是一种有效的学习方法；能有效缩短学习时间；有良好的激励功能，可增强学习信心等。

程序教学特别适用于下列情况：帮助优等生学习一些教师因教学时间的限制而未能讲授的扩充性的学习内容，对学生进行补习性辅导；为学生提供预备性知识；要求标准化行为的教学；开设学校由于缺乏优秀教师而难以开设的课程；开展个别化训练。但运用程序教学法必须注意以下一些基本要求。

首先，选用或编制结构合理、配置适当的高质量的课件。一个好的课件应具有人工智能的特性，即在人机对话过程中，能从学生的应答中了解其掌握知识的情况，从而做出有针对性的教学决策，以提高运用程序教学进行学习的效果。

其次，教会学生使用教学机器。在运用程序教材进行学习前，学生必须懂得计算机操作要领，因此，必须对学生进行课先培训。

再次，明确学习目的，与文字教材配合使用。在应用过程中应有明确的学习目的，注意与传统文字教材的结合，此过程要求学生有较高的自主精神和负责态度。

最后，注意与常规教学方法相结合。程序教学法虽有优点，但也存在削弱师生之间、学生之间即时信息交往等方面的不足。因此，运用程序教学法时必须与常规教学方法进行有机结合，使之相互补充、相互促进。例如，学生在使用程序教材学习之前，可在教师的引导下掌握所学内容的知识背景、基本概念与术语等，理解学习目的和思路，然后让学生通过上机练习，消化所学知识或形成技能等。

（三）问题教学法

问题教学法就是为启发学生的思维和培养其解决问题的能力，教师与学生围绕某个实际问题而使用的教学方法。它是一种以学生为中心的教学方法。问题教学法的核心是培养学生的思维能力。信息技术在这种教学法中起着关键的支撑性作用，它被用来呈现问题情景，是分析、解决问题的工具。

问题教学法的特点是教学过程中更加注重师生之间的关系处理，突显教师是辅助者、引导者的作用，通常以问题情境来组织教学，以此引起学生思考，促使学生运用知识分析问题、解决问题，增强学生的自主学习能力，同时借助信息技术工具，建立沟通协作渠道，促进人际交往能力和团队合作能力的提高。也就是说，问题教学法以学生为中心开展教学，以问题为教学驱动力，以小组为教学组织形式，通过过程性评价促使学生能力的进一步发展。

问题教学法的基本步骤如下。

1. 创设情境，提出问题

教师充分利用各种信息技术，如借助多媒体教学系统，通过让学生观看相关影视资料、浏览相关网站等多种方式把学生带入问题情境之中，针对问题情境，向学生布置任务；学生接受任务，回忆早期的经验，产生学习的动机和学习的责任感。

2. 分析问题、明确问题，组织分工

在教师的组织下，学生讨论解决问题的可能方法，教师帮助学生分析问题情境，理解问题的情节和情形，进一步找到问题的本质，并对问题进行界定、阐述。同时，教师根据学生的兴趣和能力，将学生进行分组，分配学习任务，提供相关资源。

3. 探究发现，解决问题

教师向学生提供有关材料、参考资料等学习资源，学生通过各种途径，借助并利用信息技术，查找、收集与问题相关的信息与资料；学生小组成员对收集到的信息进行归类、整理、分析，然后通过相互交流形成解决问题的方案。

4. 展示结果，进行评价

各小组以幻灯片等形式陈述、展示他们在解决问题过程中的计划和任务安排、完成任务的过程、解决问题的建议及主张，最后通过自评、生生互评、教师评价等相结合的方式，以过程评价为主、终结性评价为辅，对学习成果进行评价。即各小组对各自的问题解决方案进行自我评价，小组之间对方案进行相互评价，教师再评价每个小组的学习成果以及在整个问题解决过程中的方案方法的优劣，并向学生提出新的类似的问题，让学生尝试解决等。

问题教学法的适用范围和条件：问题教学法的应用需要信息技术的支持，如此教师才能通过信息技术工具创设问题情境，学生才能利用信息技术工具获取丰富的信息资源，师生之间才能利用信息技术搭建沟通交流平台，才能保证活动有效开展。问题教学法适用于教授各学科领域的概念、规律、理论等教学内容，适用于实践性强的教学内容。

（四）探究—发现法

探究—发现法就是在教师的安排和指导下，由学生借助现代教育媒体进行探索、发现问题，从而掌握知识的方法。教师借助现代教育媒体设置问题情景，提出促使学生思考的问题；学生利用现代教育媒体去收集、查询有关信息，寻找问题答案。这是一种以培养学生创新和实践能力为目的的教学方法，该方法的主旨是在教学中不给学生提供现成的答案或结论，而是由教师提出问题或设置特定情境的刺激，促使学生自我探索和发现问题，以类似科学研究的方法去获取知识和应用知识，从而掌握所学知识，调动学生学习的积极性和主动性，培养学生发现问题、解决问题的能力。

探究—发现法的特点是：探究—发现法是一个发现问题、提出问题和解决问题的学习活动过程，在这一活动过程中学生通过亲身活动提出问题、发现答案、解决问题，在探究活动中生成知识，由此对获得的知识产生深刻的印象；可以发展学习者的分析、综合和评价等高级思维能力，培养发散性和创造性思维。

探究—发现法的应用步骤如下。

1. 教学准备

让学生了解探究—发现法的基本技能，提出探索与发现的基本要求，掌握进行探究与发现的工具，提供必要的信息检索指南、专业网站的地址等，使学生知道如何有效地进行探究与发现学习。

2. 设置情境，熟悉任务

教师进一步向学生提供有关需要探究或发现的问题情境，引导学生关注有关的主题，并向学生提供必需的学习材料，以便让学生熟悉任务，进入问题情境之中。

3. 发现问题

学生在教师的要求和引导下，结合过去的知识和经验自行发现问题，确定探究的方向。

4. 收搜集资料，解决问题

学生通过各种途径、形式自行收集资料，如参考和实地考察、调查和采访、进行实验、查阅文献、观看影视录像、个案追踪分析等。收集资料不是目的，而是了解事物的手段。然后学生利用现代教育媒体，如计算机网络等工具，自行收集、加工整理资料，对收集到的数据资源进行筛选、归类、统计、分析、比较，最后在教师的指导下，得出结论或答案解决问题。

5. 反馈评价

对学生得出的结论或答案，教师要进行点评和总结。

探究—发现法的适用范围和条件：探究—发现法的应用需要教师有较强的应变能力和

运用现代教育媒体的能力，同时需要学生拥有自主学习能力和信息技术应用能力，这样才能激发学生的学习动机，引导学生利用信息技术工具和手段，在自主学习环境中进行探究。探究—发现法适合教授和学习概括性、规律性的知识，适用于对未知领域的问题探究，或对已有知识进行个性化的再认识。而这种方法更适用于高年级的学生。

（五）微型教学法

微型教学法由美国斯坦福大学在 1963 年首创。微型教学法是指教师借助摄影、录像设备培养学生某种技能的教学方法。由于该方法是在小教室中对学生的某种技能进行培训，培训时间短、规模小，故称为微格教学或微型教学。微型教学法首先在教师培训上获得成功，其次被其他学科领域的技能训练纷纷采用，成为一种卓有成效的教学方法，被广泛应用于各种职业技术训练上。它是让教学对象扮演一个职业角色来表演所要求的一系列活动，利用现代摄录设备记录这一过程，然后指导教师与角色扮演者一起观看重放的录像，进行分析评价，找出差距，再进行同样的工作直到掌握所要求的职业技能为止。

微型教学法的应用有以下几个特点：一是人数少、易操作、微型化。由少数学习者（5 ～ 10 人）组成"微型课堂"，以真实的学生或受训者充当"模拟教师"和"模拟学生"，通过不断轮换，保证每个学生都有充分的机会得到培训和个别指导，这样既容易操作，也可使课堂微型化。二是训练时间短，技能单一，目的明确，重点突出。在教学培训中把内容进行分解，将综合性的教学技能分解为一个个单一的技能，如提示的技能、演示的技能、板书的技能等。每次针对一种技能进行培训，培训目的明确、重点突出。被训练者利用 5 ～ 10 分钟的时间进行一段"微型课程"的教学实践，从中训练某一两项教学技能。三是借助媒体设备展示范例，实时记录。在进行"微型课程"的教学实践过程中，利用摄影、录像设备系统展示某技能的范例，供学生学习和模仿；也可在学生模仿训练时将实践过程记录下来。四是反馈及时准确，评价方式多样。完成训练后，通过视听系统重放已记录的内容，供师生点评分析，让学生及时得到反馈信息。评价方式可以是自我评价，也可以是他人评价。

微型教学法的应用步骤如下。

1.确定训练目标，明确学习技能

要使学生在教学活动开始前了解每一项技能的理论和方法，并掌握各个技能的执行程序和实施要求。通过多次实践、评价、修改，使技能趋于完善，并通过综合训练，形成技能。

2. 学习研究技能

在进行微型教学实践前，应先组织学生对各项技能的有关理论、方法程序、实施要求进行学习研究，并且通过播放反映某项技能的示范性录音、录像资料，使学生对教学技能的事实、观念、过程、操作程序有一个形象化的了解，使学习者获得技能模仿的样板，使训练目标和要求更加具体化。

3. 角色扮演，声像记录

要组成微型课堂，让学生进行角色扮演，实践一两项技能，模仿表演前面观察的技能，同时用电视摄影、录像设备录制角色的行为，以便能及时准确地反馈。

4. 重播录像，讨论评价

实践活动完成后要重放录像，让扮演角色的学生以"第三者"的身份观察自己的行为，并找出不足。扮演角色的学生看过自己的实践录像后，首先要进行自我分析，检查实践过程是否达到了预定的目标。指导教师、评价人员、学生角色则要从各自的立场来评价实践过程，通过分析、比较，肯定成绩，指出不足，以便改进。

5. 再实践，再改进

经过评价，已经达到基本要求的可进入下一技能的学习，实践新的教学技能；未达到要求的则需要根据反馈信息和教师的点评，做好进一步练习。

微型教学法适用范围和条件：微型教学法是进行技能教学的有效方法，适用于教师教学技能的培训，也适用于艺术、体育等学科的技能或动作行为的教学。这种教学方法需要在微型教学系统中实施。

（六）模拟训练法

模拟训练法就是利用现代教学媒体模拟自然现象、运动状态和过程，或者在特定的工作环境下进行实验和训练，以揭示其规律的一种教学方法。模拟训练法的特点如下。

1. 突破教学条件限制，方便训练教学

由于受各种特定条件的限制，教学中不能用真实环境或事物进行实验或训练，需要用计算机等媒体模拟这些环境或事物，以便于师生经济、安全、省时地进行训练教学。

2. 设备与媒体的广泛应用，丰富了模拟工作环境

模拟训练法最初是用机械装置模拟一种工作环境，如模拟汽车驾驶室来培训驾驶技能。计算机被用于模拟训练后，与机械装置进行结合，极大地丰富了模拟的工作环境。

3. 应用信息技术手段，拓展训练类型

由于信息技术手段的应用，训练的类型也从单一变为多样化。模拟训练法大致有四种类型：操作性训练、工作情景训练、实验情景训练和研究方法训练。

模拟训练法的适用范围和条件：运用该方法要提供可供仿效的适合学生发展的教学信息；要使学生进行仿效训练或亲自操作；要面向全体学生；教师应做好引导，及时分析、评价，明辨正误，分析原因，找出最佳思路和方法；要正确处理模拟教学法与常规的实验法、演示法、参观考察法的关系，在条件允许的情况下，要使它们有机结合，以利取长补短；要引导学生抓住事物的本质。

第三节　信息化时代下高校英语教学方法的创新

一、网络教学法

在新的大学英语课程教学要求中，现代信息技术的大量应用是新教学模式的一大特点，而在近些年高校英语教学方法与教育技术结合的发展中，多媒体技术是最令人瞩目，也是应用最广泛的。随着多媒体的发展与其在教育学中的渗透，多媒体技术在高校英语教学中体现出了独特的价值，并得到广泛的运用，使高校英语教学的广度、深度和灵活度都大幅增强，推动了教学方法以至教学理念的更新。以计算机为核心的多媒体教室、语言实验室、网络教室、自主学习中心和校园网络等，为高校英语教学构建了良好的教学环境，在教学实践中，课堂内外多媒体手段和资源的使用，丰富了教学的层次，提升了学生的兴趣。目前许多院校的硬件设施得到了极大的改善，多媒体技术也越来越被广泛地应用在英语教学中，多媒体技术在英语教学中的使用和推广已是大势所趋。但是不可否认，多媒体与高校英语教学的结合仍须进一步深化与创新，使高校英语教学掌握更丰富与更有效的方法和手段。

（一）网络教学法的含义

网络教学法是一种包括了新的传播媒介以及人与人之间的交互作用的教学法。这些新的沟通媒介是指计算机网络、多媒体、专业内容网站、信息检索、电子图书馆、远程教

育和网上课堂等。网络教学具有三大要素：一是网络环境，即所谓的信息技术学习环境；二是网络资源，即经过数字化处理，可在多媒体或网络环境下运行的教学材料；三是网络模式，即利用信息技术，通过对资源的收集利用，发现知识、探究知识、展示知识及创造知识的学习模式。

网络教学法下采用的教学方法基于建构主义教育心理学理论，"建构主义理论"为开发大学英语网络课程奠定了理论基础。"建构主义理论认为，知识不是通过教师的传授得到的，而是学习者在一定的社会文化背景下（一定的情境），借助他人（教师和学习伙伴）的帮助，利用必要的学习资源，通过意义建构的方式获得的"。同时，建构主义理论还强调以学生为中心，认为学生是认知的主体，是信息加工的主体，是知识意义的主动建构者，教师的作用应由知识的传授者、灌输者转变为学生主动建构意义的帮助者和促进者。

面临 21 世纪知识经济的挑战，教育部提出，必须加快我国教育信息化的步伐，并根据各地区经济发展不平衡的现实，分三个层次推进信息化教学。这三个层次分别是：

第一，以计算机多媒体为核心的教育技术在学校的普及与运用。

第二，组织学校上网，利用网上资源。

第三，开办远程教育，提供丰富的学习资源，不断满足人们终身教育的需求。

网络教学受到我国教育界的普遍重视，成了发展教育的一大热门，一些有条件的学校纷纷试水利用网络辅助高校英语教学。

（二）网络教学法的构成

网络教学可以实施以实时传播、资源检索、课程测试、教学论坛及休息娱乐几个模块构成的具体形式，分述如下：

1. 实时传播

实时传播为教、学者搭建了在线交流的平台，构建自主学习的语言环境类似于网上"英语角"，学习者可以和教师围绕一个主题的若干部分，融听、说、读、写为一体，开展课堂内外相结合的相关教学，达到知识构建的目的。

2. 资源检索

资源检索为学生提供大量的学习资源，包括语言应用及各种考试资料等内容，学习者可以根据各自不同的学习目的找到自己所需要的资源。

3. 课程测试

课程测试是教师针对学生而设计的通过在线网络进行自我检测相关课程的自主学习效

果的模拟考试形式。

4.教学论坛

教学论坛是学习者进行交流学习内容与学习方法，以及教师为学习者答疑的交流平台。教师和学习者都可以进行留言，对学习过程中遇到的问题，进行讨论与交流。

5.休息娱乐

休息娱乐是教师为学习者提供的一些优秀的外文影视、文学作品或者一些与外语相关的笑话、游戏等，可以让学习者在学习之余体验英语文化，放松心情。由于网络资源过于丰富，良莠不齐，教师还应当对学生在网络学习的过程中进行适当的管理，同时教师可以通过学习者的网络学习的情况对其进行有效的监督。

（三）网络教学法的特点

网络教学为学习者提供了个性化的学习条件，网络教学软件也能为不同层次不同类型的学习者提供各自的需求空间，能针对不同的学习者选用不同的教学内容、教学手段以及检测评估系统，充分实现个性化学习的目的，利用网络技术，使教师对学习者的课外学习情况的了解与监督变成了可能。同时，在网络上有针对性的辅导，更能满足学习者的个性化需求及学习兴趣，避免了僵化的统一管理模式。另外，笔者认为网络教学还具有如下显著特点。

1.网络教学提供了异常丰富的教学资源的共享

网络技术实现了世界范围内的资源共享，地球变小了，人与人的距离拉近了，交流沟通变得更迅捷了。网络教学使简便地寻找到丰富的教学资源成为可能，从天文地理到体育娱乐，从文化教育、政治历史到科学技术等，无所不包，为英语学习者提供了大量的教学资源。教学可以不再受时间和地域的限制，教育资源缺乏的地区也能借助网络享受同样的教育。

2.激发了学生学习英语的兴趣

学习是主动的过程，兴趣是最好的老师和助推剂，网络教学中的多种媒介功能的集合，变传统教材的呆板为信息技术的生动情景化。通过图像、文字、声音、动画等，学习者在网络教学提供的英语环境下会主动积极地去寻找感兴趣的教学资源，提高了学习的趣味性和主动性。

3.网络教学营造了开放的学习环境和自主的学习氛围

网络教学为学生提供了一种新的学习模式，使学生在自己愿意的时间、地点以自己乐见的方式学习信息网络不受时间地域的限制，向所有学习者开放，丰富的网络资源为学习者提供了传统教学所难以提供的英语语言环境，同时由于网络教学的自身特点，便于学习者结合自身情况自主学习，学习者在网络上可以进行自由的双向、多渠道交流。

4.有利于新型师生关系的建立

教学过程，是教与学的结合。自主式教学模式的建立，需要变"以教师为中心"为"以学生为中心"，同时建立新型的师生关系。学生不再是被动的接受者，变被动学习为主动求学。教师也不再只是知识的传授者，还应当是教学活动的组织者、管理者、促进者等角色。师生之间通过网络这个先进技术的平台，除了完成知识的传承外，还可以进行学习能力的交流，亦师亦友，也构建起更为和谐的师生关系。

二、微课

（一）微课的含义

微课是微课程的简称，是基于教学资源、学生、教师等以某一个主题为模块组织起来的小规模的课程教学过程。微课的形式主要是以视频为主体，教师利用几分钟的时间围绕某个知识点或者教学环节录制教学视频从而对学生开展教学活动。总的来说，微课就是在传统日常教学基础上发展起来的一种新型的教学资源。其课程特点是具有一定的控制性，能使学生和教师在短时间内集中解决某一特定的教学行为，或在有控制的条件下进行学习。这样的教学史适合当前人们的学习环境及学习习惯，有助于实现教学的现代化。

微课教学的推广是需要信息化发展作为保障的。笔者认为影响微课发展的因素主要先从两个方面看，一是教师，二是学生。对于教师来讲要制作微课是需要一定的技术保障的。由于大部分教师都不是相关专业教师，所以对拍摄视频等技术不能很好地掌握。然而，由于信息时代的到来，微课拍摄与制作在硬件和软件上均取得了重要突破。录屏软件录制、摄像工具录制、录播教室录制、专业演播室制作、智能笔录制、专用软件录制、iPad录制等一系列微课制作工具的研发与利用充分满足了教师日常录制微课的技术要求，从而攻克了教师在微课制作上的技术难关。对于学生而言要接触到微课就必须有信息化设备，而当前随着电脑、平板设备、智能手机等移动设备的普及，学生可以随时随地打开自己的移动设备去进行微课的学习，从而解决了学生在学习微课方面的硬件问题，有助于推动微课的发展。

（二）微课教学的特点

首先，微课教学的"微"字就体现了其容量"小"的模式特点。在微课教学中，课程内容主要是针对教师在教学过程中的一些比较重点的细小问题来进行讲解的。我们可以以英语语法为例，在传统的教学当中教师往往会把一个语法的全部相关内容在一节课上进行讲授，这就造成了学生的乏味感，而微课教学的内容就不尽相同了，它并不是对某一个语法点进行长篇大论，而是将这个语法点里最重点、最实用的知识点进行提取，再以微课的形式向学生传授。这样的教学特点更能体现出一个知识点的深度而不是广度。学生如果利用这样的教学方法进行学习，可以更深层次地理解某一个语法问题。同时，由于几节课的教学容量较小，所以避免了学生觉得太长而听不下去的问题的产生。

其次，微课教学讲究灵活的教学内容。即在微课教学内容的选取范围相对广泛，内容相对集中。这样的特点对于大学英语的教学也是非常有用的。由于教学内容的选取具有广泛性，在教学当中教师可以对大学英语里面多个内容知识进行选取。这就避免了在传统教学中的课程单一性的问题。学生在微课学习中可以选取自己感兴趣的知识点进行学习，在短时间内可以接触到不同的话题，这样的多样性也会激发学生的学习兴趣。同时，教师也可以利用微课教学形式与学生共同探讨研究某个问题，这样学生也在某种程度上参与到了教育教学的过程当中。从某种程度上使学生对于大学英语的学习兴趣大幅增强。

最后，微课教学讲求务实的选题。首先，微课教学的选题不会像课本一样一定要按照某一脉络进行选题，它的选题往往立足于当前的社会需求及热点问题，选题贴近学校、贴近教师、贴近当代的教育教学实际。换言之，社会需要什么，学生对什么课题感兴趣，微课教学的内容就可以选取什么。试想一下，如果大学英语的教学内容都是学生感兴趣、愿意听的内容，那么学生还有理由不去学好大学英语吗？其次，微课教学在研究过程上也比较务实。微课教学的一个指导思想就是在实践中产生的问题要在实践中解决，它强调的是在教学中进行研究，在研究中进行教学，并不像传统教学那样游离于教育教学实践活动之外。在高校英语教学中，这样的特点可以大幅提高学生在英语学习过程中的参与度，学生可以从自己的实践中提炼自己的经验，让自己的经验体现自己的特点，从而提高他们对于大学英语的学习热情。

第六章

信息化时代下高校英语的混合式教学模式

第一节　混合式教学与混合式学习

一、混合式教学的概念与特征

（一）混合式教学的概念

混合式教学是一种灵活的教学模式，可以将不同时间、不同场合下的知识传授和学习过程进行有机整合，既能提供便捷的在线课程，又保留了传统课堂面对面接触的真实感，既是对传统教学的改革，也是反思数字化学习利弊后的深刻变革。

多媒体网络技术在教育领域广泛应用的大环境下，"教师主导＋学生主体"的教学模式在许多院校盛行。在如今智能手机、平板电脑、网络为时代印记的新技术的时代下，教学模式不仅要求灵活运用以教为主的教学策略和以学为主的学习方式，同时需要整合各种教学资源，要求教师进行相应的角色转变。

混合式教学模式依据建构主义、情感过滤假设理论，结合教学实际，从语言知识、语言技能、情感态度、文化意识、学习策略五个维度综合考虑，是一种适用于高校的移动平台翻转课堂授课、线上交互式数字课程学习、线下模拟场景实践、过程性与终结性评价结合的四位一体新型教学模式。

（二）混合式教学的基本特征

第一，混合式教学依托信息化技术，在教与学双向互动的过程中对信息和知识进行传递。同时，在传递的过程中，教师选择合适的时间、对象并使用适当的教学方法来优化教学，从而有效提升学习者的学习质量和成效。

第二，混合式教学不是在线学习与课堂面对面学习的简单结合，而是在教学过程中对于教学理论、教学模式、教学活动、学习主体、课堂学习环境、在线学习环境、教学媒介、教学材料、教学资源和学生支持服务等方面进行合理的筛选和科学的组合。

第三，混合式教学作为一种教学理念和教学策略，包含了多层次的教学理论、多元化的教学方法、多维度的学习目标和多样化的学习环境，这些教学理念和策略能够有效实现教师与学生、学生与学生、学生与机器之间的良性互动。

综上所述，混合式教学的核心内容就是高效融合各种教学方法、教学资源、教学模式、教学媒介和学习环境，在多种教学理论的指导下有机整合课堂教学与网络学习环境。它强调双主角色（即学生为主体、教师为主导）和辅助角色（教学管理员、技术客服等）的实践，注重培养学生自主学习、协作学习和个性化学习的意识。混合式教学有效整合了在线环境的灵活性、以学生为中心的理念以及传统教学中的交互优势，为学生创建了一个有利、有效的学习环境。

二、混合式学习

（一）混合式学习的界定

作为一种新的学习方式，混合式学习出现的时间并不长，对于其概念，国内外学者主要有三种不同的界定。

第一，认为混合式学习属于远程学习的一种形式。

第二，认为混合式学习是数字化学习的延伸。

第三，认为混合式学习是一种全新的学习方式与学习技术，其具有情境性、移动性等特点，与网络学习、数字化学习完全不同。

学习者运用移动技术所展开的各种类型的学习，其可以在非固定、非预先设定的地点、时间发生，能够实现任何人、任何地点、任何时间等情况下更自由的学习。

（二）混合式学习的优势

在信息化时代背景下，混合式学习为学生的发展带来挑战与契机。混合式学习是互联网教育背景下的一种新的特性，其逐渐被教育界认可与接受。随着移动通信倍率不断提升、资费不断下降等，移动设备的运用逐渐普及开来，学习变得更为便捷。具体来说，可以归结为如下几点。

1. 可以让学习随时进行

混合式学习方式灵活便捷，学习将不再是在特定的时间、固定的地点才能进行的活动，只要具备相应的学习设备和学习资源，学习可以随时随地进行，这种独特优势是其他学习方式望尘莫及的。

2. 可以更好地掌握学习效果

基于当前教育大数据的广泛使用，通过混合式学习平台可以对学员的学习时间、登录次数、讨论活跃度等关键数据加以统计，以了解学习者的学习习惯及学习行为，教师可以对这些数据进行分析，以此对学习者学习效果进行有效掌握。

（三）混合式学习的设计

混合式学习的教学设计同样是一个系统化规划教学系统的过程，是涉及混合式学习的学习对象分析、移动教学资源设计、混合式学习活动设计等方面的研究。

1. 混合式学习对象分析

对学习对象的分析是教学设计的基础，只有对学习者有了正确认识，教学设计才能有的放矢。学习对象分析也即学习者特征分析。学习者特征分析包括一般特征分析、初始能力分析、学习风格分析三种。

（1）学习者一般特征。学习者的一般特征主要是指学习者的年龄、兴趣、动机、经验、背景等。一般特征与具体的学科内容没有什么关系，但其是教学设计的基础。对混合式学习的学习特征进行分析，是基于混合式学习时代学习者的一般特征进行的。在混合式学习时代里，通过移动方式进行沟通、交流已成为人们的基本需求，而且对于大多数混合式学习者来说，他们年纪较轻，能够熟练使用移动设备，对于混合式学习接受度高，而且基本都拥有移动设备。从对学习者的一般分析看，年龄、性别、知识背景上的差异都会对混合式学习有一定的影响。混合式学习用户表现出明显的年轻化。在性别上，我国差别并不是很大，但因为男性在对互联网及教育技术上的认知比女性要强一些，所以男性对混合式学习的认知要略高于女性。而在全球范围内，性别差异就比较大了，男性比女性对混合式学习的认知度要高得多。从知识背景上来看，一般认为学历与对混合式学习的接受度是呈正比的，可是在实际中，真正高学历者对混合式学习的接受度并不比低学历者对混合式学习的接受度高，原因之一可能是低学历者接触互联网的主要方式就是手机等移动终端，而高学历者接触互联网的方式更多的是电脑等设备。另外，目前混合式学习平台上的知识相对而言更为碎片化，对于高学历者对知识更系统化、更专业的要求来说，混合式学习平台并不能很好地满足他们的需求。

（2）初始能力分析。初始能力是指学习者在学习某一特定的课程内容时，已经具备有关的知识、技能和行为的基础，以及对这些学习内容的认识、态度和动机。学习者的初始能力相对于教学过程而言是教学的起点。与传统学习者相比，混合式学习者在初始能力上需具备更强的学习能力。相比传统的学习，混合式学习以自主学习为主，学习者是学习的主导者。学习者在混合式学习的初始技能上，还需具备和混合式学习相关的技能和素养，需要提高使用移动设备和相关软件使用的能力。混合式学习是基于移动设备和相关的软件来提供学习资源和学习服务的，如果不具备相应的能力，在进行混合式学习时，会遇到较大的障碍。此外，学习者还应具备学习资源的获取能力。混合式学习的优点在于学习资源非常多样，学习者在获取资源之前应具备一些基本能力，才不至于在多样的资源中迷失。另外，学习者还应具有比较强的学习动机。混合式学习的时间相对零散、知识呈现碎片化，这些都不利于学习者专注学习，这就需要学习者在学习过程中明确自身的学习动机，主动学习知识，完善知识体系。

（3）学习风格。学习风格是指学习者在学习过程中感知不同刺激并对不同刺激做出反应时的心理特征。学习者的学习风格反映学习者如何感知信息、如何与学习环境相互作用。不同类型的学习风格适合不同性质的学习任务。混合式学习在很大程度上是基于学习者自觉、自主学习，学习者的个性化特征如信息加工方式、学习的条件、认知风格、心理因素等都会对学习有影响，而这些都涉及学习风格。学习者的信息加工方式也不同，有的喜欢大声朗读以记忆需要学习的知识，有的喜欢通过大量练习进而领会知识，有的喜欢操作性的学习，这些都是不同的信息加工方法。在设计混合式学习资源时，就要考虑利用不同的信息加工方法来进行设计。就学习的条件来说，一般有对感情上的需求、环境上的需求等。如有的学习者在学习中需要不断地鼓励和激励，有的学习者可以自觉地进行主动学习。混合式学习会比较多地涉及自主学习，这就对学习者的自制力和动机有较高的要求，对于需要鼓励、激励的学习者来说，就要在进行混合式学习设计时加入激励环节和措施以保证学习者的学习动力。另外，对于混合式学习来说，学习经常是移动着的，即学习的环境是不断变化的，相对于传统学习，混合式学习的环境往往比较复杂，这也对学习者的学习条件有要求。在认知风格方面，学习者在感知、记忆和思考过程中的态度和风格也影响着学习效果，有的学习者喜欢文字描绘型的知识呈现，有的学习者对于视觉资源会产生积极的兴趣，有的学习者喜欢在情境中学习。混合式学习资源设计中可以设计多元的知识呈现方式，以保证学习者对知识的完整接收。

2. 混合式学习资源设计

混合式学习者的注意力比较容易被分散，如果学习资源的界面优美、生动，具备很强的吸引力，对移动者的学习可以起到帮助作用。学习者会被学习资源的外观和操作行为影响，精美的界面、恰到好处的动画都能产生一种轻松的氛围。有的影响是以潜意识的方式起作用的。

混合式学习资源的界面设计要坚持简单的原则。移动设备的显示区域比较小，因此在设计开发上应遵循以下两点：一是短文本、图形化。文字叙述上保持简洁，尽量使用简短词语构成的短句，能使用图片就不用文字，图片可以快速地捕获学习者的注意力，往往比文字更有效率。二是导航尽量以级联形式为主。导航的层次不要太多，能起到知识学习的向导作用即可。

另外，混合式学习的界面设计要保持一致性。一是在同一资源中界面设计、操作方式保持一致，使学习者能够在一个应用中将掌握的知识和技巧转移到其他应用中。二是界面设计的一致性，要遵守和使用人们熟悉的标准和范例，为用户提供始终一致的体验。

3. 混合式学习活动设计

随着移动技术的发展，混合式学习已经从以前的理论研究发展到现在大规模地进行教学实践应用，混合式学习也已成为教学的一种形态，所以有必要对混合式学习的活动进行分析研究，进而对混合式学习活动开展设计，更好地为教育服务。

（1）混合式学习活动特点。混合式学习是基于移动终端在多样化的学习环境中随时随地地提供学习服务，这与传统学习的教学组织形式有很大的区别，混合式学习活动的特点也与传统教学不同，主要体现在以下几点。

第一，从学习环境上来看，混合式学习是随时随地发生的，不受地理条件限制。混合式学习可以是在学校内教室里发生的学习，也可以是在学校外生活中的任何场景下发生的学习。可以是在正式学习时的课堂上使用移动设备进行一些互动，也可以是在非正式学习场景下利用空闲的一点碎片时间进行阅读、浏览等学习操作。还有一些混合式学习是发生于真实的情境中，如一些博物馆、科技馆利用混合式学习设备使学习者与真实的情境交互，从而在这种交互中更好地接收信息。

第二，从学习形式上看，混合式学习形式更多样，学习者自主性大。移动设备可以更好地展现各种媒体文件，学习者可以选择自己喜欢的方式接收信息，也可以按自身的学习风格来选择学习行为发生的时间、地点，还可以随时通过网络访问混合式学习资源。

第三，从学习活动的交互上看，混合式学习为学习活动中的交互提供了更方便、快捷的交互与反馈途径。学习活动中的交互包括学习者之间的交互、学习者与教师之间的交互、学习者与学习资源的交互、学习者与学习情境的交互。学习者与学习者、教师之间的交互可以通过移动终端进行沟通，也可以通过一些混合式学习平台，提供及时有效的教学反馈。在混合式学习里，学习资源是学习者接触到的关键对象，有的学习资源可以借助一定的技术，根据学习者的需求和能力对学习资源进行调整，使之更适合这个学习者。而通过精心设计混合式学习的情境，可以使学习者充分地融入所创建的情境中，真正进入角色。

（2）混合式学习活动流程。学习者在进行混合式学习时，一般会遵循着混合式学习的活动流程进行学习，这也符合一般学习者的心理发展过程。在进行混合式学习活动设计时，可以通过任务驱动来为学习者搭建支架，通过目标的确立来设计任务。在此基础之上设计生活情境、问题情境等来帮助学习者获得比较好的学习体验，并且能够迅速参与微型学习活动。活动常见的呈现形式有学习阅读、交流讨论、问题解决、头脑风暴、拓展阅读等，这些活动形式可以是在混合式学习平台上呈现图文视频等各种媒体形式的学习资源；也可以通过创设情境来提出问题，并让学习者在学习之后进行解决；还可以在讨论区提出观点，让学习者交流讨论，开展头脑风暴，进行思想碰撞。

第二节　信息化时代下高校英语混合式教学的模式

一、信息化时代下高校英语混合式教学的优势

（一）方便灵活

信息科技与互联网的发展及其所带来的便利，使得英语教学视频可以在网上广泛传播，多样化的视频教学形式，如专题讲解、碎片化学习、视听说一体的视频教学等教学形式开始出现，使得英语教学的灵活性大幅提高。

首先，学生可以通过网络方便快捷地获取多元化的教学资源，不受时间和空间的限制而进行碎片化的学习。

其次，教师可以利用网络资源提升自身的专业素质和水平，从而开展形式灵活、多样化的优质教学，提高英语课堂教学效果。

（二）贴合需要

在大学英语教学中运用线上线下混合式教学模式，能有效加强学生的学习体验，提升学生的学习效率，而且贴合学生的实际需求。

首先，网上含有大量的英语教学视频，学生可以根据自身的水平和学习需求，自主选择优质课程，有针对性地利用教学资源。

其次，通过线上线下混合式教学模式，学生可以获得丰富的学习体验，会形成自主探究的学习习惯，满足个性化发展需求。

（三）切入精准

相较于传统的教学模式，线上线下混合式教学模式切入点更精准，在整体上能够扩展学习空间。该教学模式引发了教师主导的课堂格局的改变，通过丰富的线上资源来充实课堂内容，并且通过线下形式多样的个性化实践措施丰富学生的学习体验，进而精准地切入学生的爱好点，拓展学生的学习空间。将线上线下两种模式混合应用，能够有效改变教学的思路，切实优化教学质量。

二、信息化时代下高校英语混合式教学的要素

（一）教学环境

1. 媒体化课程教学环境的创建

将媒体化教学环境应用于课程教学中具有重要意义，在课程教学中，以传统教室为基础，有机组合诸多类型的教学媒体，通过屏幕投影将生动形象的多媒体教学信息如图片、视频、音频等直观地呈现给学生，以优化教学过程，提高教学效果。

多媒体教室（多功能教室、多媒体综合教室、多媒体演示教室）是课程教学中运用最多的一类媒体化教学环境，也是比较新型的课堂教学系统之一，它集中了很多现代化的教学设备，教师在课堂上运用这些教学设备资源将丰富的教学内容直观地呈现出来，使学生更加直观地掌握教学内容，并加深对教学内容的记忆。

多媒体教室的教学功能有很多，结合课程教学，下面主要列举其中几个主要功能。

第一，常规教学。不管是传统的常规教学，还是多媒体教学，都可以在多媒体教室完成，这是多媒体教室综合性特征的重要体现。

第二，课堂演示教学。教学内容可以通过多媒体教室的教学设备而被投影到清晰的大屏幕上，以便于学生直观地观察、学习，比赛场景或某个具体的项目动作等也可以通过多媒体系统来模拟演示。教师通过这种方法直观明了地向学生传递教学信息，学生的感官受到刺激，学习兴趣自然就会提升，课堂教学效果与教学质量也会因此而得到改善。

第三，对教学信息与资料进行搜索。学校的多媒体教室一般都是连接网络的，有的还与校园网相连，教师可以在课堂教学中根据教学需要直接搜索所需资料，这能够为教师的教学活动与学生的学习活动提供便利，节约课堂时间，提高课堂教学效率。

第四，各种教学课件和软件的播放。教师可利用多媒体教学设备播放提前准备好的多媒体教学软件（录音带、VCD、CD 光盘等），从而使课堂教学效果得到强化与优化。

2. 网络化课程教学环境的创建

信息化教学的开展也离不开网络化教学环境的支持。教师将网络通信技术、计算机技术充分利用起来，通过文本、信息交互技术、影像等丰富的信息媒体资源而向学生传递重要的教学信息与资源，以促进学生更好地进行自主学习与合作学习，提高课堂双向互动交流的效率和学生的学习效率。常见的网络化教学环境主要有多媒体网络教室、校园网、网络教学平台、远程教育网等。下面结合课程教学主要分析多媒体网络教室与校园网。

目前，多媒体网络教室（多媒体网络机房、计算机网络教室）作为一种新兴网络教学系统，在我国各类学校的应用非常广泛，大中小学普遍都会用到多媒体网络教室。多媒体网络教室属于小型教学网络，由若干台多媒体计算机及相关网络设备互联而成，可以将其作为计算机机房使用，也可以作为多媒体演示室、视听室、语音室使用，这是多媒体网络教室的功能及应用形态的主要表现。要使用多媒体网络教室，必然离不开现代网络技术和多媒体技术的支持。多媒体网络教室在课程教学中的具体应用及功效主要表现在以下几个方面。

优化教学结构，使学生有更多的实践机会。在课堂教学中，多媒体网络教室的软件可作为辅助教学手段，如教师口头讲解时，可用语音对话，示范动作时，可播放图片或视频，使学生看得更清楚一些。多媒体网络教室的设备还有监控功能，当学生自主学习时，教师可以检查学生的学习情况，发现其中的问题，从而对教学过程进行更合理的调控。学生如果在听讲或自主学习中有疑问，可利用电子举手功能向教师提问。教师可以利用辅导答疑功能来对学生进行个别指导，有针对性地解决学生在学习中的个别问题。另外，教师还可以组织学生交流经验，讨论问题，对于普遍存在的共性问题，集体处理。这样可以在一个整体的系统中将诸多环节联系起来，使课堂教学结构更加优化，而且学生在交互式的环境下有更多的机会去实践，学习效果会有所提高。

（1）丰富教学内容，提高课堂效率。教师制作多媒体课件时，要以教学目标、教学内容及教学需要等为依据，在课件制作中分类建库，分类储备各种教学资料，如教案、图片、实验用具等，以便在课堂教学中快速调用这些准备好的资源。多媒体网络教室集图书室、资料室、实验室于一体，与互联网连接，在课堂教学中教师可以获得教学所需的资源信息或校园网上的共享资源，借助丰富的教学资源来创设教学情境，使教学时空进一步拓宽，营造良好的课堂氛围，既轻松愉悦，又保持适度的紧张。学生利用学习机也可以实现学习资源的共享，在获得这些资源的基础上充分发挥主体作用。这种教学方式具有高密度、高效率的优势，可促进课堂教学效率的提高。

（2）丰富教学内容的表现形式。多媒体信息符号的表现形式有很多，如文本、图形、图像、动画、音频、视频等形式都很常见，这些常见的信息形式经过计算机的集成处理构成了多媒体信息结合体。在网络教室环境中可以用很多种形式来呈现多媒体信息，教师要选择最适合、最有效的表现形式来传授教学内容，可以单独使用某种表现形式来传递信息，也可以将多种表现形式结合起来传递教学信息，从而达到抽象理论具象化、静态知识动态化的效果，这有助于将学生的学习兴趣激发出来，对学生的学习能力及多元智能进行培养。

（3）可优化组合多种教学形式。在课程教学中，教师可将本校服务器中的多媒体教学软件结合起来进行全面教学，学生在自主学习中也可以对学校服务器中的学习资源自由访问，提高自主学习能力。另外，教师与学生查询与运用网上资源都可以达到实时性的效果，这有助于师生之间以某个特定主题或教学任务为中心而展开互动，通过讨论室进行讨论，从而快速完成教学任务，使学生全面理解问题，这也为课堂中小组合作学习、自主探究学习以及讨论协商学习等多种学习形式的优化组合运用提供了方便。

（二）教学内容

1.创设情境，使学生在真实情境中掌握和运用知识

在传统英语教学中，往往从具体情境中将英语知识抽离出来，抽离出来的知识是抽象性、概括性的，虽然这样可以将具体情境中的"本质"内容（概念、规则、原理等）体现出来，但知识运用的具体性与情境性却被忽视了，这样学生虽然掌握了知识，却在具体的任务情境中或遇到现实问题时无法运用所学知识，学习结果无法顺利迁移到现实中。要使学习者在建构层面掌握所学知识，也就是不仅掌握知识的表面，也深刻理解知识表面所隐含的性质、规律及相关关系，最好为学习者创造真实或接近真实的情境，使学习者在亲身

参与中去感受、体会，获取直接经验，而不是从教师的口头讲解中去获取。

对此，在信息化英语教学设计中，英语教师要注重对真实问题情境的创设或对真实任务的设计，使学生在真实的情境中尽可能完成所有学习活动。这里要注意一点，真实情境与现实情境不同，不一定要真实客观存在。情境可以有很多种类型，如基于学校的情境、基于自然或社会生活的情境；想象虚拟的情境、真实现实的情境等。在英语课堂教学中，不管是创设哪种类型的情境，都只有一个原则，就是使学习者能够经历类似于真实世界的认知挑战。

2. 利用学习资源为学生的自主学习和协作学习提供支持

在信息化英语课程教学设计中，要将丰富多彩的信息化学习资源提供给学生，并在学生获取学习资源、分析处理学习资源、编辑加工学习资源的过程中提供引导与帮助，从而为学生的探索学习、分析解决学习中的问题提供支持。有些学生对信息化学习资源不熟悉，也不习惯运用，对此，教师要加强对信息化资源的普及，不断鼓励学生使用信息化资源，使学生充分认识到这些学习资源给其自主学习带来的便捷与好处，然后借助现代信息化学习资源来更好地进行自主学习、合作学习。

3. 为学生提供有效引导、支持

信息化英语课程教学设计强调学习者充分发挥自身的主体作用，主动学习、主动探索，但因为学习者的知识结构还比较单一，认识水平还比较低，也缺乏实践经验，所以在学生自主学习的过程中，教师也要适当地进行指导，在关键时刻给予帮助，如为学生提供丰富的学习资源、反复示范正确的技术动作、为学生提供咨询服务、创设问题情境启发学生思考与探索等，对于那些自我调控能力差的学生，尤其要给予引导和帮助，以免学生因不熟悉新的内容或在学习中受挫而消极被动学习，最终影响学习效果。

4. 强调协作学习

信息化英语课程教学设计强调英语教师要重视设计协作学习方式，具体包括学生之间的协作、师生之间的协作、学生与他人之间的协作、各主体之间面对面的协作以及在计算机信息技术支持下的信息化协作等。协作学习不仅是学习者发展的需要，也是社会发展的需要，因此信息化教学设计特别强调协作学习。现在，社会分工的细化趋势越来越明显，知识增长也极为迅速，需要协作配合才能完成的工作越来越多，所以在现代人才的评价中，将协作意识与合作能力作为一个重要判断标准。

从学习者方面来看，不同的学习者有不同的成长经历和知识经验，面对同一知识或问题，不同学习者的理解可能不同，学习者个人的理解可能是存在局限性的，或者说比较片面、肤浅、不充分、不完善，也有可能就是错误的，而通过协作学习，学习者之间相互沟通交流，每个学习者充分表达自己的看法与见解，同时听取他人的不同看法，在这个过程中学会聆听、接纳、互助、共享，在不同观点的碰撞中更好地理解知识与问题，这时的理解会比之前个人的理解更充分、全面、完善、深刻。

5. 在学习和研究活动中将"解决问题"和"任务驱动"作为主线

信息化英语课程教学设计强调不要将学习孤立看待，而要将其与更多的问题、任务联系起来，以"解决问题"和"任务驱动"为主线进行学习，学习者主动投入真实的问题情境或人物情境中，以完成学习任务，解决学习问题。英语教师在信息化教学设计中要多鼓励学生结合现实生活探究学习相关问题，将学习者的高水平思维激发出来，培养学生的高级思维能力。很多学习任务与学习问题背后都隐含着丰富的知识与技能，学生在自主学习或合作学习中探索这些知识与技能，在探索中逐渐掌握并学会运用，这有助于提高学生的探索能力。

6. 强调面向学习过程的质性评价

传统英语教学设计习惯将简单的知识与技能作为评价学生学习成果的唯一标准，这在信息化英语教学设计中是不允许的。信息化英语教学设计强调在英语教学评价中应将师生在课程教学中的所有情况都考虑在内，强调在真实的评价情境下进行评价，主张凡是具有教育意义的过程与结果，都应该对其进行恰当的评价，无论其是否符合预定目标。此外，信息化英语教学评价还强调对学生学习能力的评价，但不是通过学习结果来评价其学习能力，而是通过其在整个学习过程中的学习行为来评价其学习能力的变化发展，最后做一个评估报告，将此作为改进教学与进一步培育学生学习能力的依据。

三、信息化时代下高校英语混合式教学的步骤

（一）课前阶段

在基于线上线下混合式教学模式的英语教学中，教师在授课之前要针对具体的教学内容和学生的学习情况选择恰当的课程资源，并结合实际情况设计能够培养学生自主学习能力的学习任务，以充分利用教材和网络课程资源。例如，"朗文交互学习平台""新理念外语网络教学平台"等都是可以实现师生交互的移动网络平台，通过这些平台，教师可以将教材中所涉及的学习计划、学习目标、学习重点、学习难点、学习主题等相应的预习内容

和学习任务等，及时发到学生手中，学生可以根据任务的要求通过不同的方式，如个人独立思考、小组讨论等，有效地获取知识背景，高效地完成预习任务，而且在这一过程中，自主学习能力也会相应地提高。在这一阶段，教师可以利用自主式的学习平台，充分实现师生之间的互动，为学生提供有效的在线咨询，为学生答疑解惑，向学生提供有针对性的辅导和帮助，进而切实提高学生的自主探究精神和自主学习能力。

（二）课堂阶段

线下课堂阶段主要是通过课堂的教学平台和自主学习平台的相互融合，展开具有针对性的多媒体辅助教学。

首先，教师根据学生对课前预习的完成情况进行检查和分析，重点指出相关问题。

其次，运用多媒体创设富有情境化的教学内容，进一步提出问题，引发学生积极思考，进一步激发学生的探究意识。

再次，教师结合教学实际情况和单元主题，设计相应的学习任务，鼓励学生积极讨论，也可以通过情景对话、角色扮演等方式，激发学生参与的积极性，促使学生主动参与课堂教学活动。

最后，教师鼓励和引导学生进行总结和反思，可以让学生进行自评或学生之间进行互评，进而总结学习内容，激发学生的学习动机和自主探究精神，巩固学习知识，同时提升协作互助意识和英语应用能力。

（三）课后阶段

在课后阶段，教师可以通过线上线下混合教学模式进一步补充相应的学习材料，有效拓宽学生的视野，加深学生对所学知识的理解和掌握程度。在课后，学生也可以利用网络平台寻找相应的复习资料，进一步加深学习效果，增加练习和实践，扩大知识范围，更好地完成相应的学习任务。课后巩固延伸了课堂教学的空间，能够显著培养学生的自主学习能力，也能够为学生养成良好的终身学习习惯打好基础。

四、信息化时代下高校英语混合式教学的策略

（一）讲授示范

首先，教师要根据课程教学的目标找到一个或几个富有探索性的问题，然后将这些问

题以适当的时机和方式向学生提出，并引导他们利用已有的信息技术找寻解决问题的方法。

其次，教师可以利用分解法，将问题由一分多，细致地讲解每个小问题，并进行必要的问题解决示范。

再次，学生通过教师的讲解与示范开始尝试解决问题，在这一过程中如果遇到新的问题便开始思考及向教师提出问题，得到解答后再进行操作，直到问题得到解决，最终掌握知识和技能。

最后，教师评价学生的学习表现，学生之间也要进行互评。

（二）协作学习

首先，教师以教学内容中的重点和难点为依据，灵活设计信息技术的教学任务和目标。对于任务的设计要遵循由易到难、由简到繁、由外到内。

其次，教师给学生布置教学任务，然后让学生自由选择自己的合作伙伴来共同协作开展研究。学生在研究学习的过程中对所获得的一切信息和资料都要注重和同伴分享，一起讨论，一起研究。

最后，教师对学生的学习活动进行总结性评价。考察的重点在于学生对信息技术的应用能力。

（三）自主—监控型模式

自主—监控模式的教学地点是在建立了网络的教室里。具体学习模式为，学生将教师提供的教学资源利用起来进行学习，教师则观察学生的学习过程。为了给学生创造良好的自由氛围，教师可在教室外通过监控观察。当教师发现学生在某环节中遇到问题，则应适当提供帮助。在自主—监控模式中，学生可根据需要使用网络资源。自主—监控模式的实施程序如下。

首先，教师根据教学目标对教材予以分析，然后以教师认为的最理想的方式向学生呈现教学内容。

其次，学生在接受了学习任务后，需利用相关资料或信息进行独立学习或协作学习。在此过程中，教师的任务是观察、监督，并在必要的时候提供适当的指导。

最后，教师对学生的学习活动进行总结性评价，总结评价具体到个人。

（四）群体—讲授型模式

群体—讲授型模式是面向多数人（通常为一个班）进行教学的模式。在这种模式下应用的信息技术只是作为一种教学手段出现。

该模式的特点主要如下。

首先，集文字、图片、声音、图像等多媒体展现教学内容于一身，让学生对课堂教学活动有更为直观的认识和理解，而不再是过往的那种过于抽象的感觉。

其次，使用便捷、简单、易操作，如此得以将教学内容快速、及时地呈现出来，这无疑可以大幅提高教学的效率。

最后，过往教学中那种宏观、微观以及空间等因素都不再成为限制，如此更加方便教师对教学重难点的把控与教学。

群体—讲授型模式的实施步骤如下。

首先，教师在备课阶段就要全面掌握教学内容，并对教学中需要的图片、视频等资料细致选择，对需要演示的课件要设计得当。

其次，教师努力创设教学情境，将教学信息展示给学生，引导学生思考。

最后，教师对教学活动做总结性评价。

（五）讨论型模式

讨论型模式是教师与学生通过网络进行的实时或非实时交流的一种教学模式。对于这种模式的应用，通常是由教师提出某一问题，然后由学生主要讨论问题。对于学生的讨论，教师要一一听取，这是了解学生学习思维和发现其中可能存在的问题的好机会。如果发现问题，教师要及时指导。这是一种对学生非常友好的教学模式，不过需要耗费一些时间，教学效率相对较低。该模式的基本步骤如下。

首先，教师根据教学目标对教材予以分析，然后以教师认为的最理想的方式向学生呈现课件或网页类的教学内容。

其次，学生接受任务后，由教师指导查阅资料或信息进行独立学习或合作学习。要确保在完成学习任务的过程中使用信息技术。

最后，教师要对学生的讨论予以总结，学生间也可以互评，当然也可以评价教师的一些观点。

在讨论型模式中，教师要始终尊重学生的主体作用，要允许学生发散思维，对学生的一些奇异思维不要打断，而要做到先倾听，这是鼓励他们尝试创新的良好开始。

（六）研究型课程

研究型课程与当下常见的科学研究的方法已经非常接近了。学生在这种模式的课程中利用信息技术作为工具来分析、归纳、整理各种资料，找寻对解决问题有帮助的信息。

研究型课程中的整合任务是课后的延伸，超越了传统的单一学科学习的框架，它会根据学生个体的认知水平以主题活动的形式呈现生活中的一些问题，以此激发学生的研究兴趣，并完成相应的学习任务。

学生在研究型课程模式中的学习，在设计研究方案、实施方案以及完成任务等环节中都享有相当高的自由度，教师更多只是在选题和资料收集环节中提供些许帮助，如此更能突出学生的主体性和参与性。不过，教师提供的帮助仍旧是不可或缺的，甚至这可能决定学生研究型学习最终的成败。

第三节　信息化时代下高校英语教学模式的创新

一、教学模式的建构

（一）教学模式建构的基本原则

从素质教育观出发，教学的目标就是培养学生的能力和发展学生的个性。

教学的本质是教学生"学"，学习的本质是学会学习；课堂教学是实施素质教育的主阵地，是师生双向活动沟通得以形成"回路"的主渠道。因此，课堂教学活动的基本任务就是挖掘学生的学习潜能——不仅着眼于当前知识的掌握和技能的训练，更要注重学生的能力开发和未来发展。楼房的建造，须依靠墙体或柱子的支撑；课堂教学流程的构建，也必须依赖有力的"支点"支撑。

1.理论的科学性与实践的可行性相统一原则

一定要以科学的理论为依据建立教学模式，教学模式不仅要能够体现教学的本质与规律，还要反映出当前社会培养人才的特点，同时必须以教学实际为出发点，充分结合当前国家教育教学的发展情况进行实践，真正做到理论的科学性与实践性相统一。

2.主体性原则

美国著名教育家杰罗姆·布鲁纳认为，我们应当尽可能地使学生牢固地掌握科学内容,还应当尽可能使学生成为自主的思想家。这样的学生,当他在正规学校的教育结束之后,将会独立地向前迈进。

课堂教学质量的提高,一方面,要发挥教师的主导作用,另一方面,绝对不能离开学生在学习中的主体作用。学生是课堂教学的主体,是活生生的人,他们有感情、有思想,而不是没有生命、没有知觉的留声机、录音机。传统教学立足于教师单方面的输出作用而忽视输出后学生的反馈作用,传统教学的主要特征可以概括为"三中心论":以书本知识为中心、以课堂教学为中心、以教师为中心。创新教育要求广大教师树立与新的教学理念相适应的学生观,充分尊重学生在学习过程中的主体地位,采取多种形式的方法和手段促进学生能力的主动发展,从而提高学生的整体素质。

3. 普及与提高相统一原则

建立教学模式就要服务于普及教育,所以应该将重点放在"普及型"教育模式的开发上,尤其要注意多开发一些与农村及边远地区的师资、生源和教学条件相适应的教学模式。在教育的问题上,我国都是先普及后提高。以实验学校为代表的城市学校适合多开发些"提高型"的教学模式,使之成为典范;然后教师水平与教学条件逐渐提高,使"提高型"的教学模式向"普及型"教学模式发展。因此,建立教学模式要从本地、本校的实际情况出发,不仅要适合普及的需要,也要考虑提高的需要,将普及与提高统一起来。

4. 批判继承、合理借鉴与积极创新相统一原则

科学发展的特殊之处在于历史的继承性。因此,在对教学模式的历史和发展进行研究时得出了这样的结论:新的教学模式的形成也要吸收已经存在的教学模式的可取之处。我国自从改革开放以来,与其他国家的交流越来越频繁,国外的教学模式也为我国教学模式的构建提供了有利的借鉴。我们要在吸收借鉴的基础上进行创新,吸收已经成功的经验,吸取别人失败的教训,这样国家与国家的差距就会缩小;我们要对历史的遗产进行批判性的继承,吸收国外有益的经验,让教学模式能够取得更大程度的创新发展,进而对现有教学模式难以解决的问题进行解决,并适应教学的需要与时代的发展。创新教学模式有两层含义:一是构建一种之前从未有过的新型教学模式,二是健全和完善已有的教学模式。同时,创新教学模式还可以是在教学研究的领域加入其他研究领域的新的优秀成果,建立新的教学模式。因此,可以从各个角度进行创新,而且创新的程度也是各不相同的,有可能再证实比完全的创新价值更大。

（二）教学模式建构的基本方式

1. 演绎法

演绎法就是先做出一个科学理论假设，推演出一种教学模式，接着通过实验的方式对这种假设的优越性进行验证，其出发点是科学理论假设，思维过程是演绎。以演绎法进行教学模式的构建有以下两种方式：一是使相关的基础研究成果直接形成教学模式；二是根据在观察与实验中得到的材料直接进行教学模式的组织与设计。演绎法包括教育行动研究法、教育实验法等。

2. 归纳法

归纳法就是总结归纳之前的教学经验，从而形成新的教学模式，其出发点在于经验。通过归纳法构建的教学模式也有两种：一是加工改造历史上较为优秀的经验；二是对当前优秀教师在教学实践的过程中获得的先进经验加以总结、提高、系统化。因此归纳法又叫升华法。归纳法包括文献研究法、教育经验总结法、课例研究法、观察法等。

二、多媒体支架式教学模式

不同的学者对支架式教学的定义不同。罗森赛恩（Rosenshine）认为，支架式教学就是教师或更有能力的同伴为帮助学生解决独自不能解决的问题而提供帮助、支持的过程。普利斯里（Presley）则认为，支架式教学模式是按照学生的需求帮助他们，在学生的能力获得提高后便不再帮助。

目前，欧共体"远距离教育与训练项目"（DGXⅡI）的文件中有关支架式教学模式的定义是应用最为广泛的。该文件认为，支架式教学模式是支架式教学应当为学习者建构对知识的理解提供一种概念框架。学习者在深入理解学习问题的时候是需要框架中的概念的，为此，事先要分解复杂的学习任务，这样就能一步一步，循序渐进地让学习者深入理解学习问题。简言之，是通过"支架"（教师的帮助）把管理调控学习的任务慢慢从教师转给学生，最后撤去"支架"。

（一）理论基础和模式特点

1. 理论基础

维果斯基（Vygotsky）认为，在个体智力活动中，自身具有的能力可能不足以解决存在的问题，通过教学，个体在教师帮助下能够将能力提升到可以解决问题的程度，这就是最近发展区理论。也就是说，最近发展区可以定义为：个体独立解决问题时的实际发展水平（第一个发展水平）和在教师的帮助下解决问题时的潜在发展水平（第二个发展水平）之间的距离。可见，教学决定了个体的第一个发展水平与第二个发展水平之间的状态，教学可以创造最近发展区。

建构主义认为世界是客观存在的，但是对世界的认识，每个人都是不一样的，这是主观的。人根据自身积累的经验进行知识的建构，由于不同的个体积累的经验与对经验的信念存在差异，所以个体在理解外部世界的时候也会存在差异。在建构主义者看来，知识的建构更应该在原有的经验、心理结构和信念的基础上进行，并且将学习的主动性、情景性与社会性作为重点强调，把学习分成初级学习与高级学习，注重自上而下的教学设计及知识结构的网络化，倡导改变教学脱离实际情况的情景性教学。

2. 模式特点

多媒体支架式教学模式将多媒体技术与英语课堂教学有机整合，创设语言情境，充分发挥教师的主导作用和学生的主体作用，将学生学习英语的主动性、社会性、情景性和创造性融为一体，促进学生的生理、心理与智力和谐发展，使其兴趣、情感和意志得以激励。多媒体技术使学生能够通过多种感官获取知识，促使学生由形象思维向抽象思维转化，不停地把学生的智力从一个水平提升到另一个新的更高水平。

（二）实证研究

对于在大学英语教学中所使用的多媒体支架式教学模式，鲍静展开了实证研究。该研究表明，支架式教学模式的步骤有搭建支架、进入情境、独立探索、协作学习、效果评价五步。笔者在这一步骤的基础上，将研究对象确立为大学专业英语精读课堂，并将《现代大学英语》第二册第二课作为研究范例。第二课主要讲的是一对夫妻对于同一件事的看法存在分歧，进而体现了个人观点差异和种族观念不同的文章主题。

1. 搭建支架

在教学开始之前，教师要为学生提供课上要用到的资料，并且对学生解释这些资料的用途，让学生自己对材料进行理解，这就是所谓的搭建支架。搭建支架的过程中，教师先要为学生播放动画录像，学生在看完视频之后要说出自己的想法。视频中的大致内容是关于一对男女在思考以及处理相同的问题时出现很大的认知差异。举例来说，男人在购物的时候总是买完需要的就走，但是女人可能会逛街逛一整天，最后什么都不买。教师构建支架的方式为播放视频，一方面，可以生动形象地向学生传递课堂主题，另一方面，能够让学生对这个主题产生学习的兴趣。教师能够通过多媒体支架式教学模式让课堂变得生动而活跃。

2. 进入情景

这一环节即教师带领学生进入问题情景之中，布置任务，让学生说出自己的观点。学生看完全部的录像之后，教师向学生提出问题——男女之间的差异与矛盾除视频上所说的几点之外还有哪些？随后，让学生思考并在课堂上展开讨论。接着就这些不同点思考产生的原因。在陈述完原因后，教师通过多媒体图片与推荐美国畅销书《男人来自火星，女人来自金星》进行话题总结。在这本书中，男女之间差异的原因可以通过插图与简介了解。教师在总结时采用多媒体支架的形式，比直接告诉学生答案更能让学生主动接受。这一环节完成之后，学生还可以在课下继续阅读，寻找答案。在此，教师已经成功引入了教学主题之一，就可以引导学生对文章进行理解，让学生了解文章中介绍的其中一个主题，即性别让想法产生差异。

3. 独立探索

这一步骤指的是学生立足于集体思维成果进行独立思考产生自己的想法。教师在这个环节可以在多媒体的辅助下向学生提出问题，且问题要逐步地深入，让学生一边回答问题，一边独立挖掘文章更深层次的主题，即种族观念的问题。教师要通过多媒体向学生提出问题，然后学生讨论得出自己的答案、教师给出答案。这种做法不仅可以让学生对答案记忆更深刻，还能够起到语言的示范作用。把上述问题的所有答案组合起来就会得出新的文章主题。所以，多媒体支架在引导学生独立探索文章主题上起到了重要的辅助作用。

4. 协作学习和效果评价

学生和学生、学生和教师共同协商讨论，共享尝试探索过程中的成就，共同解决问题就是协作学习。而效果评价则指客观性测试、个人的自我评价与集体对个人的学习评价。完成文章的主题讨论之后，教师按照文章的主题又提出了新的问题供学生讨论。在此过程中，学生发掘自身潜力，教师不干涉学生的学习。通过多媒体，学生还可以在观点的把握、理解和探索上更加深入。在展示之后，教师和学生可以共同给出评价。

多媒体支架包括图标、图片、视频等各种方式，学生通过这些方式在掌握概念、理解信息时就更加容易了。多媒体支架式教学引导学生自己形成思考并应用知识，对于较难理解的知识和新信息的挑战，多媒体支架的辅助恰好可以帮助学生更直观有效地理解所学知识点。

三、慕课教学模式

(一)慕课教学的内涵

慕课全称是"大规模在线开放课程"(Massive Open Online Courses),英文简称为 MOOC,这一模式源于美国,在短短数年间,被全世界广泛运用。慕课这一模式是具有分享与协作精神的个人组织而成,将优质课程予以上传,让世界各地的人们可以下载与学习。

从形式上说,慕课教学就是将教学制成数字化的资源,并通过互联网来教与学的一种开放环境。本质上看,慕课教学是一种与传统课堂相对的课堂形式,因为其基于互联网环境而发送数字化资源,实施的是线上教学。学生完成了网上课程学习之后,通过在线测试,可以获得证书或证明。

(二)慕课教学的优势

英语慕课教学在大学英语教学中的使用必然会引发教学方式与理念的变革。这就是说,慕课教学对当前的大学英语教学具有重大的作用,具体而言主要有如下优势。

1. 为学生提供能力培养平台

我国的大学英语教学在不断发生变革,但是总体上还是将重心置于基础知识教学层面,这一教学模式必然对当前的英语教学产生负面影响,即很难帮助学生提升自身的综合能力。受其影响,很多学生对英语并未给予过多关注。英语慕课教学为学生提供了新的专业动向与视角,便于学生调动自身的积极性,促进他们提升自身专业能力,对自己的教学问题进行专业化解读。

2. 对不同学生的水平进行平衡

如前所述,很多学生来自不同地区,学生之间也存在明显的差异,因此学生的基础水平也明显不同,如果教师实行大班课堂,那么很多学生很难学到想要学习的知识,甚至丧失学习的积极性。英语慕课教学是一个开放性的平台,为学生展开一对一教学提供了平台,便于缓解师生之间的教与学的矛盾。同时,英语慕课教学也不受时空的限制,有助于学生在任何地方、任何时间巩固自身的英语知识,提升自身的英语水平。

(三)慕课教学的实施

一般来说,在互联网教育模式下,慕课教学往往会通过如下几个步骤来展开。

1.多层次设置课程

就当前的大学英语教学而言，慕课教学对传统的大学英语教学模式的单一状况进行了改革。从教师资源来说，传统的教师资源是非常有限的，很多课程的讲述也缺乏针对性。基于这一点，慕课教学从学生的需求与兴趣出发，对文化课程进行设置，极大地提升了学生学习的兴趣和积极性，便于学生提高文化学习的质量与效率。

2.采用多种教学方式

很多学校虽然都在推进英语文化教学改革，上课方式也不再是单一的形式，但是课堂教学仍旧以知识点讲授为主；即便应用了多媒体，也都是以辅助教师板书的一种替代形式呈现。但是，慕课教学使得教学方式更加多样化，学生即便不在校内，也可以获得知识。

3.采用多渠道的考核方式

在互联网教育背景下，大学英语教学中的慕课教学设置了多样化的考核方式，如果仅靠传统的笔试或论文形式，那么很难检测出学生的能力。在慕课教学模式下，可以实施开放性考核与个性化考核。这样多样化的考核可以不断激发学生的学习兴趣与积极性，从而更好地进入下一阶段的学习。

四、翻转课堂教学模式

（一）翻转课堂教学的内涵

通常来说，大家对翻转课堂最朴素的解释就是，将传统的课堂学习和课后作业的顺序进行颠倒，即将知识的吸收从课堂上迁移到课外，知识的内化则从课后转移到课堂，学生课前在网络课程资源和线上互动支持下开展个性化自学，课堂上则在教师引导下通过合作探究、练习巩固、反思总结、自主纠错等方式来实现知识内化。

随着教学过程的颠倒，教与学的流程、责任主体、师生角色、课内外任务安排、学习地点和备课方式等方面都发生了明显变化。与传统意义上的课堂教学结构相比，翻转课堂颠覆了人们对课堂模式的思维惯性，改变了学生学习流程，从新的角度揭示了课堂的新形式、新含义。有人认为，"翻转课堂"打破了持续几千年的教学结构，颠覆了人们头脑中对课堂的传统性理解，倡导先学后教、以学定教，赋予了学生学习更多的自主性和选择性，强化了师生之间的沟通与交流，实质是学生学习力解放的一次革命。这不仅契合了国家教育信息化发展规划指导思想的核心——创新学习方式和教学模式，它也因此被称为是传统教学模式的"破坏式创新",成为信息技术与学习理论深度融合的典范。

（二）翻转课堂的优势

翻转课堂教学为英语教学改革提供了新的平台与良好的契机,从本质上体现了英语教学改革的深化,帮助英语教学突破困境,为学生的英语学习提供便利。下面就具体分析英语翻转课堂教学的优势。

1. 便于学生开展个性化学习

由于国内学生都是来自各个地方,基础水平不同,对英语的认知程度与爱好程度不同,英语水平参差不齐。虽然现代的教学研究领域对这一点已经予以关注,但是传统的英语教学模式很难适应这一现状,尤其是很难实现分层教学,相比之下,英语翻转课堂教学恰好能从学生的学习兴趣出发,根据学生自身的能力展开教学,这样可以使不同阶段的学生获取符合自身水平的知识,从而循序渐进地展开英语学习。

2. 便于学生自由安排时间

英语翻转课堂教学有助于学生对自己的英语学习时间进行安排。尤其是对于毕业生而言,有助于他们平均分配自身的学习时间,将一部分时间用于自身的实习工作上,另一部分时间用于开展知识的学习。对于这一部分学生而言,英语翻转课堂教学非常适合他们,便于他们恰当安排自身的工作与学习时间。

3. 便于差等生反复学习

在传统的英语课堂教学中,教师将教学的重心置于优等生身上,因为这些学生可以更好地紧跟教师讲课的步伐,愿意参与到自身的教学之中。但是,教师不能忽略班级里那些英语水平薄弱的学生。这些学生在课堂上往往是被动地听课,很难追赶上教师的讲课步伐,基于这种情况,英语翻转课堂教学可以帮助他们开展反复的学习,即对教师课堂讲授的内容进行循环播放,以获取与理解所讲知识,直到真正地明白。另外,英语翻转课堂教学有助于教师节省时间,让他们将更多的精力放在那些差等生身上。

4. 便于人性化的课堂管理

在传统的英语课堂教学中,教师为了让学生能够更好地获取知识,往往对课堂管理非常注重,强调学生应该集中注意力。这是因为,在教师的眼中,如果学生被某些事情扰乱了思绪,那么必然会影响他们的学习进度。相较于传统的英语课堂教学,英语翻转课堂教学是不存在这一情况的,这可以从以下三点来理解。

第一,英语翻转课堂将主动权归还给学生,使学生能够发挥自身的主观能动作用,更加积极地投入学习之中。相较而言，在传统的英语课堂教学中，虽然教师也会对学生进行辅导，但是基于传统理念，教师的辅导仅限于形式上，教学活动仍旧在于讲授，学生无法占据主体地位。在"互联网+"背景下，英语翻转课堂教学使得学生的主体地位得以确立，学生能够根据教师给予的资源开展自主学习，然后遇到不懂的情况，可以在课堂上与教师展开讨论，这样自己的知识久而久之就不断深化了。

第二，英语翻转课堂教学对传统的教学模式中学生的学习态度与观念进行扭转。在英语翻转课堂教学中，学生的学习内容是从自身的需要考量的，根据自身的兴趣来定位。基于总体学习目标，学生根据教师提供的学习资料与路径，对自身的知识进行建构，提升自身的英语水平。

第三，英语翻转课堂教学逐渐降低了学生对教师的依赖程度。也就是说，在英语翻转课堂教学下，学生知识的习得是最主要的，他们并不完全依赖于教师，因此学生占据主体地位。英语翻转课堂教学要求学生要自主学习，在他们的自主学习中，往往会需要其他同学的帮助，久而久之就会形成一种习惯，然后愿意去接受与学习知识，并展开与其他同学的探讨，这样不仅有助于提升自身的英语水平，还有助于加强自身与他人的交流。

（三）翻转课堂的实施

翻转课堂作为一种颠覆传统课堂的教学模式，其教学设计过程当然不同于传统教学设计过程。虽然国内外出现了各种各样的翻转课堂教学，但它们都建立在课程资源、教学活动、教学评价和支撑环境这些要素的基础之上，因而翻转课堂教学的设计也是以此为依据的。

1.设计英语教学过程

美国创新学习研究所（Innovative Learning Institute, ILI）提出了翻转课堂设计流程。ILI认为，翻转课堂的设计过程主要包括确定学生课外学习目标、选择翻转内容、选择传递方式、准备教学资源、确定课内学习目标、选择评价方式、设计教学活动、辅导学生八个主要环节。

第一，确定学生课外学习目标。英语文化教学中翻转课堂教学过程的设计首先要确定学生的学习目标。翻转课堂使得课内教学和课外教学进行了颠倒，学生总共需要完成两次知识内化过程，第一次知识内化是在课外自主学习新知识，第二次知识内化是在课内完成的。显然，课内和课外对学生的要求是不同的，学生需要在课内外实现不同的学习目标。

第二，选择翻转内容。当确定了翻转课堂的课外学习目标后，就要结合学生本身的认知规律和特点去选择课外自主学习的合适内容。课外学习目标主要是低阶思维的目标。

第三，选择内容传递方式。选择内容传递方式是指确定学生的自主学习内容通过什么媒体工具表现出来。教师要结合持有的接收设备情况、学习者的地理位置、学习内容的形式和资源大小等因素，选择适于学生开展个性化学习、传递内容形式丰富、传递速度快、获取方便的内容传递方式。

第四，准备教学资源。在确定了学习内容及其传递方式后，就可以收集相关的网络学习资源供学生学习，或者开始制作、开发新的相应的学习资源。在该环节中需注意，无论是利用已有的学习资源还是自己开发新的学习资源，均需与先前确定的学习内容保持一致，并且资源的形式、大小等要求也需和传递工具相匹配。

第五，确定学生课内学习目标。第一环节确定的是课外学习目标，是针对低阶思维技能的学习目标，而本环节确定的是课内学习目标，是针对分析、评估和创造等高阶思维技能的目标。在课外，学生能参与的更多是培养其识记、理解和应用等的学习内容；而在课内，学生是通过与同伴和教师面对面地交流、讨论和开展协作探究等活动。所以，这一环节的学习目标与第一环节的学习目标有所不同。

第六，选择评价方式。在教学正式进行前，教学中的主体者和主导者，即学生和教师都要对课堂教学活动提前做好充分的准备。对于教师而言，选择一种合适的评价方式非常重要。低风险的评价方式应该是教师的理想选择，它是指不对学生的评价结果进行分数、等级的评比，而仅作为发现学生学习问题的一种教学评测方式。通过低风险的评价方式，教师可以发现学生学习真正的难点，以便教师和学生调整教学计划和学习计划。低风险的评价方式有很多，其中一种就是常用的课前小测验，这些小测验的题目量并不多，一般只有 3～4 个问题，针对的内容是学生在课外自主学习的内容，其不仅是检测学生在课前学习的事实性知识，更重要的是为学生提供一个综合应用所学知识的机会。通过课前小测验，教师能及时地把测验中出现的问题反馈给学生，学生也可以向教师提出自身遇到的问题，并通过与教师交流促进问题的解决。

第七，设计教学活动。如上所述，课外的学习内容和活动主要帮助学生解决识记、理解类的知识，在课内则是帮助学生解决学习难点，并充分应用所学知识，学习更深层次的内容。当通过课前评价了解到学生真正的学习难点后，教师需针对性地设计具有导向性的课堂教学活动，以便更好地培养其分析、评估和创造等高阶能力，可采用如基于项目的学习、基于问题的学习、协作探究学习等形式。

第八，辅导学生。教师作为教学的主导者，在各种形式的教学活动中都要充分发挥自身的主导作用，只有这样才能取得良好的教学效果。具体而言，在学生进行教学活动时，教师需提供相应的脚手架，为学生更好地开展活动提供必要的支持。另外，在必要的时候，教师还应该对某些理解学习内容和活动有困难的学生提供个性化的辅导。在整个学习活动中，教师还需给提出疑问的学生及时的反馈，并在学生汇报学习成果或学习结束后，进行统一的总结反馈，以促进学生进行知识的内化和升华。

2. 开发英语教学资源

第一，支持翻转课堂的信息化教学资源。广义的教学资源是指用于教与学过程的设备和材料，以及人员、预算和设施，包括能帮助个人有效学习和操作的任何东西。随着信息技术的发展，信息化教学资源的概念就出现了，它是指在以网络和计算机为主要特征的信息技术环境下，为教学目标而专门设计的或者能为教育目标服务的各种资源，包括教育环境资源、教育人力资源和教育信息资源。

随着信息化资源的发展与教育应用，翻转课堂教学理念才得以提出。从上述翻转课堂的完整过程可知，支持翻转课堂需要用到的信息化教学资源主要包括教学视频、进阶练习、学习任务单、知识地图和学习管理系统五大类。

翻转课堂教学的实施，不仅需上述教学资源作为主要资源，还需要借助一定的教学辅助工具软件。该类教学资源几乎贯穿于翻转课堂的全过程，其作用主要是帮助教师进行教学视频的制作、师生间开展交流协作、学生学习成果的展示等。按照作用于翻转课堂教学开展过程中的不同方面，可以将教学辅助工具分为视频制作工具、交流讨论工具、成果展示工具和协作探究工具四类。

第二，遵循资源选择原则。翻转课堂的资源包括教学视频、进阶练习、学习任务单、知识地图、学习管理系统和各类教学辅助工具等。每一类资源都不是完美的，不存在放之四海而皆准的资源。每类资源都各具特点，并且每类资源可供选择的具体资源种类、载体类型众多，因此教师应根据教学实际需要选择合适的翻转课堂的教学资源。一般来说，翻转课堂教学资源的选择需遵循最优选择原则、具有较强兼容性原则、多种媒体组合原则。

最优选择原则是指教师根据教学内容和教学目标的要求，选择存储和传递相应教学信息并能直接介入教学活动过程中的载体，就是选择教学资源。

具有较强兼容性，是指当众多便携式的移动智能终端在大学英语教学中广泛应用以后，大学英语教学不仅变得更加高效，也发生了一场变革。在这种情形下，翻转课堂理念变得普及起来，翻转课堂的应用也得以在大范围内开展。学生利用各类移动设备，如平板电脑、智能手机等进行课外自主学习，课内教师利用移动终端设备进行授课。资源载体的改变，迫使资源的形式也做出相应的改变，要求其必须兼容各类学习终端设备，在各类终端设备中都能流畅运行。

多种媒体组合是指翻转课堂教学真正做到了以学习者为中心，这对后期的教学资源的选择也有着一定的指导作用。在选择教学资源时，教师应该考虑学生的兴趣、生活现实，尽可能选择多样的教学资源形式，即有机结合文字、图片、声音、视频、动画等多种媒体形式，丰富课堂内容。

3. 设计英语教学活动

根据前面所述的翻转课堂的完整过程，翻转课堂教学活动设计包括课外活动设计和课内活动设计两个部分。

第一，设计课外学习活动。翻转课堂的课外学习活动一般属于线上活动，主要包括以下几类。

（1）在线学习。在课外，学生通过阅读相关的电子书籍、资料或观看教师提前准备好的讲授视频，掌握并理解课程中重要的信息。在线学习主要有阅读电子教材和观看教学视频两种形式。有时为了加深学生对信息的理解，在线学习的材料还附加一些引导性问题、反思性问题、注释、小测验等，用于辅助学生进行自主学习。

（2）交流讨论。通过在学习管理系统中开辟一个专门的讨论区，或借助专门的在线交流工具，教师和学生以课外学习内容为主题展开交流和讨论。讨论主题既可以是教师预设的，也可以由学生创设，这样一种师生在线辅导和生生自组织学习的学习模式就形成了。借助这种学习模式，学生掌握学习内容的速度较快，并且掌握的层次较深，从而为课内的学习活动做好准备。

（3）在线测评。在学生完成了新知学习的任务后，可以进行在线测评。在线测评一般采用低风险、形成性的评价方式，不仅检验了学生的学习成果，还提供一个学生反馈问题的机会。通过在线测评，教师和学生在课内教学活动开展前针对问题提前做好准备。

第二，课内学习活动设计。在翻转课堂中，如何通过课堂活动设计完成知识内化的过程是至关重要的。在设计课堂活动时，关键要看情境、协作、会话等要素是否有利于学生主体性的发挥，从而促进学生达到高阶思维能力的目标。课内学习活动一般可以分为个体学习活动和小组学习活动。

第七章

信息化时代下高校英语教学的评价优化

第一节　高校英语教学评价概述

一、教学评价的功能

评价通常是指"对事物的价值高低的判断，包括对事物的质与量做的描述和在此基础上做出的价值判断"。评价是一种对客体满足主体需要程度的价值判断活动。教育评价是"对教育活动满足社会与个体需要的程度做出判断的活动，是对教育活动现实的或潜在的价值做出判断，以期达到教育价值增值的过程"。这一评价活动具体包括学生、教师、课程、教学、教育内容、教育目标、教育制度、教育方法以及教育管理等方面的评价。其中，教学评价是指针对教学目标及原则的要求，对教学中的各种教学活动以及最终的教学成果进行价值判断的过程。在教学过程中，教学评价发挥着重要功能，具体体现在以下几个方面。

（一）检查诊断功能

教学评价能够对教学过程进行有效的诊断，确定教师教学和学生学习中的问题，明确教学工作的进展和不足，检查学生的学习情况。根据检查诊断的结果，教师能够对教学工作进行有针对性的调整和改进，学生也能及时发现自己的问题和不足，进而积极改正。总之，教学评价对提高教师的教学质量和学生的学习质量都有着重要意义。

（二）展示激励功能

教学评价的过程为评价者提供了一个自我展示的平台和机会，而且所采用的有效的、积极的评价与反馈方式会成为有效的激励手段。通过教学评价，教师和学生都能从中获得大量有用的信息，进而更加积极地进行教学和学习。

（三）反思总结功能

教学评价注重师生的参与以及自我评价，在评价过程中，无论是教师还是学生都会产生一定程度的压力，这有助于教师和学生将压力变为动力，自觉内省和反思自己的教学和学习行为，分析得失，提高自我监控能力。可以说，教学评价的反思功能是促进教师和学生成长的重要手段，师生可以在自我评价、他人评价中不断反思和成长。

二、教学评价的意义与特点

由于教学涉及多种因素，各种变量及相互关系使得教学变得更加复杂，因此为了认识其规律，在了解其内涵、内容等方面的基础上，还需要了解其自身的特点。作为一种特殊的教学现象，教学评价也不例外。

（一）教学评价的意义

1. 对师生的意义

对教师来说，大学英语教学评价主要有以下几个方面的意义。

（1）为教学活动提供反馈，有助于教师从中发现教与学上的问题，从而调整教学计划和策略。

（2）能够帮助教师清楚地认识到一个重要事实：教学是一个根据信息反馈而不断发展的过程。

（3）能够为教师和学生提供对话机会，有助于师生间和谐关系的建立与维持，为更有效地开展教学奠定基础。

（4）通过教学评价的一系列环节，教师逐渐能够成为有意识的教学研究者，为日后教学理论的研究奠定基础。

对学生来说，大学英语教学评价主要有以下几个方面的意义。

（1）评价的过程中，学生能够发现学习中取得的成绩和存在的问题，并能够及时纠正自己的一些错误观念和错误假设。

（2）使学生认识到语言学习不是一朝一夕的事情，而是一个长期的过程。认识到这一点，学生就能更好地对自己的学习态度进行监控，提高自主学习能力。

（3）使学生根据评价结果及时端正学习态度、调整学习策略、改进学习方法，提高学习成绩。

（4）使学生感受到教师对其学习和成长的关心，增加师生间的情感与交流。

2.对英语教学的意义

大学英语教学评价对英语教学的意义主要体现在以下三个方面。

（1）鉴定筛选。通过评价对课程与教学的各个因素或各个方面的优良程度进行鉴定，一方面认定其价值的大小，另一方面衡量其是否达到了应有的标准。所谓选拔功能，是指课程与教学评价能够为选拔优秀和淘汰不合格者提供依据，从而对评价对象进行筛选。

（2）管理研究。评价作为一种价值判断，通过上级对下级、组织对个人或者被评价者的自我评价，可以更好地监督和促进被管理对象认真履行职责，完成规定的任务，达到预期的目标。所谓研究功能，是指课程与教学评价具有教育研究上的价值，有利于开展教育教学研究活动。

（3）促进发展。通过对课程与教学评价的实施，评价能够为学校的教育教学提供有效的诊断和反馈，并以此来强化和改进教育教学活动的开展，进而促进学生、教师以及学校更好地进步和发展。这种功能是当代课程与教学评价理论与实践所特别关注的。

（二）教学评价的特点

具体而言，教学评价的特点主要有：连续性、特定性、选择性、统一性、以学生为中心以及以教师为主导。

1.连续性

教学评价并不是一次性的、间断的，它具有连续性。这是因为，为了检测教学内容、方法等是否有效，教师往往进行一次评价之后还会重复进行评价，有时候甚至是三四次评价，形成一个"反馈链"。通过对多次评价的结果进行总结，进而调整教学，必然会提升教师的教学水平与学生的学习效率。

2.特定性

教学评价针对的是具体的教师、学生与教学内容，对一个班级适用的教学评价并不一定适用于其他的班级，对一种课程适用的教学评价并不一定适用于其他课程。这也就体现了教学评价具有特定性。因此，在进行教学评价时，应该根据课堂内容、学生特点、学生参与等客观条件进行设定。

3. 选择性

教学评价实际上是一个选择的过程，在评价的过程中要对优劣进行区分，优势的层面要鼓励，劣势的层面要研究，并进行改进。此外，在评价方式上，教学评价也具有选择性，要根据具体的情况、具体的学生特点进行选择，避免导致评价失误。

4. 统一性

在教学评价活动中，评价者与被评价者之间是统一的关系。首先，评价者与被评价者在目标上是统一的；其次，他们在教学活动过程中也是统一的。也就是说，不能将二者对立与区分开来，二者应该协同工作。

5. 以学生为中心

教学评价是通过教师和学生提供的反馈信息来观察学生的学习情况，了解学生某段时间或者某一学期的学习水平，从而在下一阶段的教学和学习中进行改进，不断促进学生的进步。从教学评价的目的上来看，整个评价都是围绕学生来进行的，体现了以学生为中心。因此，以学生为中心也是教学评价的特点之一。

6. 以教师为主导

众所周知，教学评价是围绕学生进行的，评价的目的也是能够提高学生的学习效果，但是教学评价也离不开教师这一重要因素。这是因为，在教学评价中，教师具有很高的自主权，如确定评价内容、选择评价方式、处理反馈信息等，这些情况教师都可以自主决定。从很大程度上来讲，教学评价是在教师的指导和监督下进行的。

三、教学评价的分类

（一）按照评价标准分类

按照评价标准，可以将教学评价分为相对性评价和绝对性评价两种。

1. 相对性评价

相对性评价指在被评价对象的集合中选取一个或若干个个体为标准，然后把各个评价对象与标准进行比较，确定每个评价对象在集合中所处的相对位置。

利用相对性评价，可以了解学生的总体表现和学生之间的差异，具有便于操作、便于比较和便于分析的特点。然而，相对性评价也有一定的不足：评价标准随着群体的不同而发生变化，容易使评价标准偏离教学目标，使得相对性评价较难体现被评价者的进步和努力状况，从而易于刺激不正当的竞争和过分地重视分数的现象发生，不能充分反映教学上的优缺点，不能为改进教学提供相关依据。

2. 绝对性评价

绝对性评价是在被评价对象的集合之外确定一个标准，这个标准也被称为客观标准。评价时把评价对象与客观标准进行比较，从而判断其优劣。评价标准一般是教学大纲以及由此确定的评判细则。绝对性评价的标准比较客观。如果评价是准确的，那么评价之后每个被评价者都可以明确自己与客观标准的差距，从而可以激励被评价者积极上进。

然而，绝对性评价也有一定的不足。客观标准容易受评价者的原有经验和主观意愿的影响，很难做到客观。因此，在评价过程中，尽量减少评价者的主观性对评价活动的控制，最大限度地保证评价的结果公正、客观。

（二）按照评价功能分类

按照教学评价在教育活动中的功能作用，可以将教学评价分为诊断性评价、形成性评价和总结性评价。

1. 诊断性评价

诊断性评价也称"教学前评价"，是指在某项活动开始之前，为使计划更有效地实施而进行的评价。诊断性评价用于确定学生的入学准备程度，主要是确定学生的家庭背景情况、学生所掌握的知识和技能情况、学生的心理发展状况等方面的情况；用于辨识造成学生困难的原因，并对症下药；用于决定对学生的适当安排，根据学生在知识、技能、性格等方面的差异对学生划分层次，进行分班分组，并且为学生提供合适的学习和生活环境。

2. 形成性评价

形成性评价是指在教学过程中，为了使教学更为完善或者引导教学前进而进行的对学生学习结果的确定。形成性评价能够及时地了解阶段教学的成果和学生学习的进展情况、存在的问题等，频繁地为教学提供反馈，从而及时调整和改进教学工作，帮助学生改进学习。

3. 总结性评价

总结性评价是指在教学活动告一段落的时，为把握最终的活动成果而进行的评价。也就是说，总结性评价是在学完某门课程或某个重要部分后进行的，旨在评价学生是否已经达到教学目标要求的概括水平较高的测试和成绩评定。总结性评价的首要目标是给学生评定成绩，为学生做证明或提供关于某个教学方案是否有效的证据。

（三）按照评价表达分类

按照评价表达，可以将教学评价分为定性评价和定量评价。

1. 定性评价

定性评价是对评价资料做"质"的分析，是运用分析和综合、比较和分类、归纳和演绎等逻辑分析的方法，对评价所获得的数据资料进行加工。分析的结果是一种描述性材料，数量水平较低甚至没有数量化。一般情况下，定性评价不仅用于对成果或产品的检验分析，更重视对过程和要素相互关系的动态分析。

2. 定量评价

定量评价则是从"量"的角度，运用统计分析、多元分析等数学方法，从复杂的评价数据中总结出规律性的结论。由于教学涉及人的因素、变量及其关系，一般比较复杂，因此为了提示数据的特征和规律性，定量评价的方向、范围必须由定性评价来规定。

定性评价和定量评价密不可分，二者互为补充、相得益彰。进行评价的时候，需要从二者的角度进行全面的评价，不可片面强调一方面而忽视了另一方面。

四、教学评价的基本步骤

教学评价一般可以按照以下几个步骤展开：确立评价的指导思想、制订评价的指标体系、选择合适的评价技术和方法、实施评价。

（一）确立评价的指导思想

追求价值是人类活动的内在动力。教学评价是以事实判断为基础的价值判断，评价的价值定位决定了评价的方向。有效教学实际上是一种教学合理性的诉求，这种合理性就其内在结构来说是价值理性与工具理性的统一。

国内外已有的关于有效教学评价的研究的评价导向也存在着一定的问题，主要表现为以下三个方面。

一是以经济学中"投入产出"的观点简单类比教学活动。其典型的表述为"教学效率＝教学产出（效果）÷教学投入"；二是强调量化和可测性，忽略了质性评价；三是注重结果的有效性而忽略过程的有效性。上述问题反映了以往有效教学评价系统的失衡，重视了工具理性，而忽略了价值理性。

因此，教学的终极价值应该是学生的全面发展，是人的生命的提升。终极价值是以过程价值为基础的。过程价值是学生素质的累积和沉淀。具体来说，教学的过程价值体现在知识与技能、过程与方法、情感态度与价值观三个维度上。学生的最终发展程度取决于学生在这三个维度上的发展水平。

（二）制订评价的指标体系

教学评价指标体系是评价课堂教学的依据和尺度。建立科学可行的课堂教学评价指标体系，是提高课堂教学评价质量、增强评价有效性和可靠性的重要保证。

在制订教学评价标准和指标时，不仅要依据国家的教育方针、教学大纲的要求以及学生自身的特点，将教学评价的内容，以不同的指标和评价标准体现出来，并根据各指标的重要性程度，赋予一定的权重，形成评价的指标体系；而且应考虑评价指标的灵活性，教师应能根据具体的教学内容和情境调整及修改评价标准，才能确保评价指标和标准的可行性和操作性。

（三）选择合适的评价技术和方法

在进行教学评价时，必须采用多样的评价方法，除考试或测试外，还要研究制订便于评价者普遍使用的科学而简便易行的评价办法。

评价方法要科学简便、灵活多样和富有实效。在选择评价的方法和技术上，既要看到定量分析的科学性和合理性，如运用教育测量和统计以及模糊数学的方法，可以对评价对象的特性用数值进行科学合理的描述和判断，又要看到定量评价的缺陷和不足。过于量化的评价会忽视隐藏于教育内部的教育规律性，如教育活动是十分复杂的、具有模糊性、存在许多难以量化的因素。

随着教育研究的深入，人们认识到对复杂的教育现象进行适当的定性分析比单纯的定量描述更能准确、恰当地反映实际情况。因此，评价不应是单纯的定量分析，应是定性分析和定量分析相结合。同时，还应将过程性评价与总结性评价相结合，全面地反映教学情况和教学效果。

（四）实施评价

评价的实施一般可从以下几个方面入手。

第一，根据评价方案中的指标体系和方法来制订评价计划。

第二，运用一定的方法收集评价所需要的相关信息。

第三，对收集到的相关信息进行技术层次的处理，通过筛选和分析，与评价标准和指标体系做比较，从而得出评价结论。

第四，反馈评价结论，让被评价者对自己目前的行为和效果有比较清醒的认识，了解影响自身行为和效果的各种有利和不利因素，根据评价者和相关专家提出的改进意见，使被评价者的后续行为发生特定的变化。

需要指出的一点是，为了提高反馈的有效性，评价者应注意采用一些操作技巧，要根据被评价者的具体行为，明确指出他们"好"在哪里，"错"在哪里；在反馈评价结论时，应使用描述性的语言，而不是判断性和评价性的语言；要使用合适的反馈途径，如面谈、书信、电话等，加强与被评价者之间的了解和信任，使评价结论能够为被评价者接受。

第二节 教学评价体系改革的必要性与原则

一、教学评价体系改革的必要性

（一）传统教学评价落后于前沿理论

传统教学评价落后于前沿理论，具体体现有以下几点：重结果、轻过程；重定量、轻定性；重教师、轻学生。

1. 重结果、轻过程

传统英语教学评价多以总结性评价为主，形成性评价则较少。因此只注重教学结果和学生学习结果评价，缺乏对学生学习过程和教师教学过程的评价。也就是说，只是采用单元、期中、期末等考试来了解学生在完成部分学习内容后达到学习目标的情况，这样既不能了解学习过程中的情况，也因不能将所有的学习内容作为评价内容而出现测试和评价的片面性和偶然性。

2. 重定量、轻定性

英语教学评价往往重视定量评价，忽视了定性评价。虽然定量评价可以较准确地反映评价对象，并且有利于评价结果的统计与分析，但是不适合量化且没有必要进行量化的评价内容，就需要使用定性评价，否则会对评价的信度和效度产生影响。

3.重教师、轻学生

传统英语教学评价通常注重对教师的评价，将教师作为评价主体，教师居高临下，学生则处于被动的甚至是被忽略的地位，这对于学生学习的主动性和积极性十分不利。

（二）传统教学评价难以适应时代发展

我国英语教学长期以来遵循应试教育方式，将考试作为评价教师教学效果和学生学习成绩的最主要手段。英语教学评价的最终目的是选拔人才，然而，全球化带来了各国文化之间的碰撞与交流，世界变成了一个多元化的格局。

在这种背景下，我国的应试教育越来越显现了自身不合时代潮流的劣性。这种不合理的评价目的进而导致英语教学评价的内容不全面，注重学生认知的发展而忽视非智力因素，实际上，诸如兴趣、学习态度和学习习惯等非智力因素则对英语学习的效果有着很大的影响；注重语言知识的学习而轻视语言能力的培养，这会造成学生只是记忆了英语知识而无法将英语知识运用在实践中，如写作和口语交际等。由此可见，对传统英语教学评价进行改革十分必要。

二、教学评价体系改革的原则

（一）分析学生需求原则

互联网信息技术的引入，使高校英语教学中的师生互动不再流于形式，学生可利用互联网，随心所欲地与学习伙伴、授课教师进行沟通，实现学生主体地位的最大化。教师也可通过学生在云端反映的问题与内容，深入挖掘学生对哪门课、哪个章节、哪个知识点还没掌握，或想要更深入了解哪个知识点。通过数据的计算和系统的分析，教师可以有效地激发学生的学习动机与求知欲，为满足不同类型学生的学习需求，设计不同程度、不同种类的学习内容，促进学生学习效果的提升。

（二）发展性原则

发展性教学评价原则是根据发展性理念，提出一定的发展性目标和发展性的评价方法和技术，对教学过程中的教与学的状态进行价值评判。与传统教学评价指标不同，发展性教学评价不仅注重教师的主导地位，还注重学生的主体地位。对学生进行学习评价是发展性教学评价的核心。

在信息化时代高校英语教学中，教师应构建创造性、教育性、操作性、实践性的以学生为主体的教学形式，让学生主动参与思考，且主动实践，从而促进学生的综合能力发展。过程与方式、知识与技能、情感与价值观是发展性教学评价原则的重要内容。

（三）导向性原则

教学评价是根据一定的教学目标制订的。通过对比现状与目标间的距离，可以促进被评对象不断接近既定的目标，这就是教学评价的导向性原则。

信息化时代高校英语教学评价并不是单一的评价问题，其评价目标也不仅是评优与鉴定，而是在此基础上引导教师更新观念，在实际的教学中体现新的教学观念，激励教师产生研究的兴趣与动机。

在对教学活动的评价上，教师自身要积极、主动，同时注意调动学生的积极性和主动性，力求为教学双方在教学活动中展现自身的潜质，构建出恰当的评价方法与体系。需要注意的一点是，在构建评价体系标准的过程中，发挥评价的导向原则是必然的并将这一原则贯穿于始终。

（四）过程性原则

任何事物的发展都有一个过程。教学实际上是一种师生共同参与其中的生命活动形式，不仅包括教师教的活动，也包括学生学的体验。

在教学活动过程中，学生不仅要获取知识技能，掌握基本的学习方法，还要发展自己的思维能力、与他人合作和交往的能力等。教学评价也是一个过程，所以在对教学进行评价时，不能仅以测验和考试的方式对教学活动结束后学生的知识掌握情况进行评价，教学评价应该既注重结果的考查，也关注对学生学习过程的考查，从中了解学生学习过程中的具体表现、思维的特点、情感特性以及方法上存在的问题及个性上存在的缺陷等。这样得出的结论更有助于教师有针对性地改进教学。

（五）主体性原则

课堂教学是一种师生双方交互作用的过程，既包括教师有效地教，又包括学生有意义地学，这两方面是相辅相成的。要使学生的学习有意义，必须在确保教师主体地位的同时，使学生成为学习和评价的主人。

在教学与评价过程中，让学生主动参与，这是有效教学的关键。在教学活动中，让学生参与评价过程，成为评价的主体，是对学生"事前预见"和"事后认识"能力的一种实践性的锻炼和提高，有助于学生思维能力的发展，也有利于自我认识、自我评价以及自我掌控能力的提高。同时，让学生成为评价的主体，赋予其一定的自主权，也有利于锻炼与培养学生的责任感。

（六）客观性原则

信息化时代高校英语教学评价需要坚持客观性原则。教学评价的客观性原则是指评价应实事求是，不能主观臆断，不能掺杂个人的感情。在信息化时代高校英语教学工作中，教学评价具有很强的科学性。教学评价是否具有客观性通常会直接影响教学效果。如果教学评价是客观的，就有助于促进教学目标的实现；如果教学评价是不客观的，教学则难以达到预定的目标。

因此，教学评价中必须坚持客观性原则，根据一定的教学目标来确定评价的标准，同时综合多重因素，考虑这一标准是否能够得到人们的认可。教学评价的标准确定之后，不得随意更改，这体现了客观性原则。

三、高校英语教学评价的现状

（一）评价目标滞后

虽然我国的教育改革早已开始并逐步深入，但考试仍作为选拔人才的主要形式而存在。

首先，在这种背景下，不管是教师还是学生都以考试为中心，考试考什么教师就教什么，教师教什么学生就学什么。对不考的内容就不抓、不教，教学规律和以学生为主体的教学要求往往被忽视。对学生来说，除了课堂上的有限时间，课下几乎没有进行语言实践训练与应用的机会，也就谈不上语言总体水平的提高了。甚至有些地区实行统一标准，大搞课堂教学统一模式，教学评价统一测试，统一标准，根本无视学生各方面存在的差异性。

其次，由于受传统观念的影响，很多教师忽视了对学生能力的培养，把英语仅当作知识来传授。这样培养出来的学生英语的书面交际能力也很差，更不用说口头交际能力了。

最后，传统英语教学的一个显著弊端在于重知识、轻能力，这一现象对教学评价也产生了很大的影响。翻阅各种各样的英语试卷可以发现，语言知识方面的测试较多，而语言能力方面的测试则很少，尤其是口语方面的测试更是难得一见。显然，这些以语言知识评价为主的测试并不能如实地反映学生的英语水平，也无法为他们英语综合运用能力的提高起到指导和促进作用。另外一些教师，限于教学设备的落后，或贪图省事，因循守旧，一本书、一支粉笔、一块黑板，长此以往，乐此不疲，教学"一言堂"，包办代替，罚抄单词，强制背诵，没有任何情景的创设，把贴近学生生活的语言变成了极端枯燥乏味的机械重复，并以此作为评价学生学习好坏的标准，阻碍了学生的主动发展和个性培养，扼杀了学生的学习兴趣，导致他们厌学、怕学。

（二）评价内容死板

传统的课堂教学评价各项指标过于完备，几乎每项指标都有固定的要求，如"教学目标明确""教学进程安排合理""课堂提问精练""多媒体运用恰当""板书设计美观""教态自然""语言流畅"等。虽然这样的要求能为教师组织课堂教学提供一定的参考标准，但很多情况是使课堂教学就变成了迎合评课标准的设计，表面上面面俱到、环环相扣，实际上忽视了教学实际情况以及学生的学习需求。还有的教师为了达到这些评课标准的要求，总是设置很多问题情境。课堂上，师生之间、生生之间有问有答，讨论交流，"热闹非凡"，学生也"兴趣盎然"，但过后一检测，发现学生实际掌握知识和形成能力的情况并不理想。这样的课堂教学实际上是缺乏有效性的，过于追求完成预定的教学目标限制了教师对学生认知能力以外的其他发展的关注，严重束缚了教学中的灵活性和变通性，什么时间讲授，什么时间提问，给学生多少时间回答问题，包括学生会怎样作答，都在教师的心里，整个课堂就是教师的表演，学生只是作为观众被动地接受和配合。教师则是想方设法引导学生得出预定答案，既不会随机应变，更不会在学生思维出现阻碍时进行点拨，整堂课下来，教师和学生都沦为教学流水线上的机器，完成了教学任务，但效果却并不尽如人意。

（三）评价方式单一

考试是我国目前英语教学中使用最多，甚至是唯一的一种评价方式。人们对考试的过分倚重很容易带来以下问题。

1. 考试结果无法真实地反映教学成果

考试通常用于一个学期的中间或学期末，考查的内容跨度较大、范围过于宽泛，无法全面体现学生在日常学习中的进步和成就，因而其评价结果无法全面反映真实的教学效果。另外，考试大多采用笔试的方式进行，且涉及的真实情景也少之又少，许多项目与学生所学和实际应用没有联系，在很大程度上影响了考试评价的信度及其对教学活动的指导作用。无论考试多么想要接近真实的情景（如让学生写一篇文章，在对话中扮演一个角色等），学生也会因为考试环境、考试规则等因素而无法全面、如实地展现自己。可见，仅靠测试很难真实地反映教学成果。

2. 扼杀学生的创造性

考试制度下，教师和学生往往为了考出理想的分数，反反复复地做题。学生成了考试的机器，教师成了判卷的专家。学生考出来的"好成绩"不仅不能反映学生的真实水平，还扼杀了学生的学习积极性和创造性。

3. 不利于学生的身心健康

考试时，由于学生数年所学都要在短短的几小时内受到检验，而检验结果又直接关系到未来的命运，因而考场的气氛也异常紧张、压抑，这也给很多学生造成了非常大的心理压力和心理伤害，一旦考试成绩不好就丧失自信心，甚至产生更严重的后果，这不能不说是过分依赖考试这种评价方式所必然导致的恶果。

（四）评价能力欠缺

师资是决定教学成败的关键因素之一。一些英语教师的教育理念落后、专业素质低、教学能力滞后，不少教师的语言技能欠缺、不能及时吸纳新思想，无法驾驭新教材。这些都成为阻碍形成性评价落实的重要原因。如果教师不注意学生智力和能力的培养与开发，只顾自己讲，不顾学生是否掌握，不注意激发学生的非智力因素，结果只能是，台上教师眉飞色舞，神采飞扬，台下学生睡眼蒙眬，睡意正浓，学生越学越没信心，越学越差，越差越厌学。此外，有些教师不善于处理师生关系，只知道用命令、威胁和惩罚去控制课堂，压制学生自由活动，甚至使课堂教学难以进行。在这种灌输式的教学模式中，教师根本不了解学生学习的兴奋点，无法激起他们运用语言的交际欲望，也妨碍了学生的学习主动性和创新思维的发挥。

从英语教师队伍结构上看，有些教师学历虽达标，但能力不达标，其知识老化，又懒得学习、探索和研究，有些教师甚至进行跨学科教学，这些都不利于教师集体备课钻研教材、探索教法，这样素质的教师评价出的英语课堂和学生效果也就可想而知了。

第三节　信息化时代下多元化评价体系的构建

一、信息化时代高校英语教学评价的优势

在信息化时代，网络外语教学评价的发展对外语教学具有重要的意义。网络外语教学平台对学生语言学习客观、全面、动态的记录，可以帮助学生从自己学习成长的轨迹中，找出自己的不足。这些记录对于中介语的研究也是重要的宝贵资源，因为技术的便捷性使得大量的数据分析成为可能。具体而言，信息化时代高校英语教学评价表现出以下几个优势。

（一）便捷性

在信息化时代，网络外语教学评价充分利用技术优势，极大地节省了评价所需要的人力、物力，提高了评价的效率，缩短了评价的周期，降低了评价的费用，方便了日常外语教学的进行。

（二）动态性

信息化时代下的网络外语教学平台的教学活动记录功能，可以实时地对网络外语教学进行连续动态的评价，并根据评价结果对网络外语教学本身进行动态调整。

（三）及时性

对网络外语教学过程的有效监控为评价的真实性提供了保障。在网络外语教学评价中，教师可以对学生的学习做出即时反馈，便于学生及时调整学习进度，也便于教师及时调整教学。

（四）过程性

信息化时代下的网络教学注重过程性评价，网络外语教学作为网络教学的一个具体

应用领域，也承袭了网络教学的这一特点。计算机和网络手段的介入，使人们可以对网络外语教学的过程进行有效的监控。

（五）全面性

信息化时代下的网络外语教学平台可以对学生平时的学习进行记录和监控，既能对学生的学习效果进行评价，还能通过学习记录对学生的学习态度、学习自主性、学习的自控性等进行判断。

二、信息化时代高校英语教学评价的内容

信息化时代高校英语教学评价的内容主要包括学习者评价、教师评价、课程评价和教学过程评价。这四个方面既相对独立又相互作用，对其中任何一个方面的评价都可以从侧面反映出其他三个方面的情况。

（一）信息化时代高校英语教学的教师评价

教师不仅是知识的传授者，更是教学的组织者，学生学习的引导者、合作者。教师不仅要具备一般意义上的教学技能，更要熟悉网络教学的环境，有驾驭网络教学环境的能力。信息化时代给教师的教学带来了诸多挑战，教师的角色也发生了相应改变。教师评价是网络外语教学评价研究的另一个重要内容。因此，对教师的评价，还应该包括计算机操作能力、对网络课程的整体组织能力、对网络外语教学方法的把握和应用、教学效果等。

（二）信息化时代高校英语教学的学生评价

对学生的评价也是高校英语教学评价的重要内容。学生评价的主要内容包括学生网络学习综合素质、学生的学习过程和学生的学习结果。其中，学生网络学习综合素质的评价包括计算机操作能力、网络应用能力、信息素养等。对学习过程的评价又包括学习策略、学习风格、学习动机、学习态度和学习效果等。

（三）信息化时代高校英语教学的课程评价

1. 教学设计

对课程教学设计的评价是信息化时代高校英语教学评价的一个重要方面，评价的内容

主要包括课程说明、教学目标、教学目标与教学内容的一致性、教学反馈的设计等。

2. 网络外语教学系统

依据美国培训与发展协会（American Society of Training and Development，简称 ASTD）的 E-Learning 课件认证标准，对信息化时代高校英语教学系统的评价主要从以下三个方面进行。

（1）课程的兼容性，主要对网络课程运行所需要的条件和环境进行评价。

（2）课程的产品质量，主要从文本、图形、格式以及内部的一致性角度进行评价。

（3）课程的界面，主要对网络课程的导航功能、导航设置以及易操作性进行评价。

信息化时代下的网络高校英语教学系统评价包括对教学管理系统的评价、对教学系统的评价、对资源库系统的评价和对支持与维护系统的评价。

（四）信息化时代高校英语教学的过程评价

除了教师、学生、课程评价外，信息化时代高校英语教学还包括对教学过程的评价，具体是对教学方法以及开展的相关教学活动的评价。

为了保证教学评价更加科学与有效，除了需要对上述教学评价的内容进行研究外，还要重视对信息化时代高校英语教学评价标准、评价方法以及元评价的研究。

（1）任何评价都需要一个科学的尺度作为判断的标准。信息化时代高校英语教学评价标准设置得是否科学，对评价的结果有着直接的影响作用。

（2）信息化时代下的高校英语教学评价与传统的大学英语教学评价有所区别，这种区别在评价方法上有着显著的体现。

（3）元评价就是对评价本身的再评价。其评价结果可靠与否，直接受评价方法的恰当性和科学性的影响。元评价可对以上四种评价本身进行判断，对保障评价结果的真实性具有重要意义。

三、信息化时代高校英语教学评价的实施系统

（一）网络实时评价系统

网络实时评价系统主要利用网络的公共通信手段，如 E-mail、MSN 聊天工具等，进行文字、图像、视频和音频的异地实时交流。学生可以不受时间、空间的限制，及时获得有效的反馈。该系统可以有效监管学习过程，提高学习效率。

（二）网络考试系统

网络考试系统主要包括学生考试系统、自动批阅系统和题库管理系统等。学生可以不受时间、地点的控制，自主登录考试系统，从试题库中随机抽取试卷，进行阶段测试或者综合测试，学生可以自由控制试卷的题型、题量、时间、难度等。网络考试系统可自动评阅试卷，并自动生成一系列评估报告，对学生的学习效果、学习风格、学习倾向等进行评估。

（三）网络答疑系统

目前，在线讨论和互动交流是网络答疑系统的两种主要形式。现在的很多外语教学网站都设有在线互动讨论区，学生以发帖的方式对自己的学习成果进行汇报，与其他学生互动交流。网络答疑系统可以对学生的疑问和相关解答进行记录，教师可以对这些信息进行分析与总结，并从中发现教学的问题，从而及时调整教学方法和策略，改进教学效果。通过网络答疑系统的搜索引擎功能，学生可以通过关键字搜索等快速得到问题的答案。

（四）网络多媒体考试系统

网络多媒体考试系统对网络在线考试系统进行了改进，在传统文本试卷的基础上，增加了音频、视频、图形等多媒体数据。该系统运用虚拟现实技术组建虚拟考试环境，特别适合于网络外语教学评价，使得全面、多元的评价成为可能。

四、信息化时代高校英语教学评价方法

（一）信息化时代高校英语教学评价方法类型

1.诊断性评价

信息化时代高校英语教学中的诊断性评价通常只针对学生进行，主要是对学生的现有水平进行测量，也就是了解学生的知识背景、学习态度、学习要求等，以便根据评价结果对学生进行分组，给学生提供适合的学习资源。

2.形成性评价

信息化时代高校英语教学中的形成性评价注重对教学和学习过程的监控，通过网络教学系统进行跟踪与反馈。例如，一些网络课程对学生的作业进行即时批改，学生通过点击提交作业就能得到反馈和建议。另外，形成性评价在跟踪检测学习过程的同时注重对学习态度的调查，并给出描述和建议。

3. 总结性评价

信息化时代高校英语教学中的总结性评价就是根据教学系统收集的数据，通过对数据进行分析，并结合总结性评价手段，对学生最终的学习效果做出评价与总结，并以此作为教师教学状况的重要依据。

（二）信息化时代高校英语教学评价的常用方法

1. 作品集评价法

作品集评价法是信息化时代高校英语教学评价的一个重要方法。

作品集是指长期、有目的、有计划地对学习者学习过程和成果的有关信息、资料进行收集而形成的类似于档案的文件集。作品集的建立过程是收集、选择和反思的过程。

电子作品集是以数字化形式记录的学习档案。计算机与网络技术以其强大的交互性、广泛的传播性、数据收集整理的即时性以及便捷的数据统计分析功能，为电子作品集的构建及使用提供了强劲的技术支持。电子作品集的设计主要包括目的、体现能力的证据和测评标准。其中，目的可以作为确定作品集内容构成的依据，是在电子作品集实施前，主要依据课程的总体规划和具体的教学目标来制订的。

作品集评价法又称"档案袋评价法"，是一种以计算机和网络技术为基础，遵循形成性评价、发展性评价和真实性评价的理念，对学习过程进行评价的具体方法和手段。作品集评价法既能够帮助学生和教师对学习过程做出更综合更全面的评价，从而适时地给学生以方向性的引导，也能够在学习过程中推动形成性评价的进行。

作品集评价法的实施可以从三个方面进行：学期开始、学期中间、学期结束。第一，学期开始，确定作品集内容；确定作品形式；确定评价的标准；确定时间计划。第二，学期中间，学生按照计划完成学习任务；教师对学生予以指导；教师与学生进行面谈。第三，学期结束，教师将电子评价表发给学生，让学生进行自评；交换作品集，学生间进行互评；教师对作品集进行终评。

下面对这些步骤进行详细说明。

（1）确定作品集的内容。在信息化时代下的高校英语教学中，教学目的包含语言知识、语言技能、文化知识等层面，因此评价所用的作品集应该能够反映出学生为了实现这些目的而付出的努力、增长的知识、增长的能力、完成的任务情况等内容。因此，作品集的内容主要取决于教学目的、教师、学生等因素。

（2）确定作品的形式。证明学生学习过程、学习效果的形式有很多，除了传统的标准化测试之外，调研报告、学习日记、学习档案袋、学习成果展示、团队合作项目等也是比较好的形式。这些形式可以是口头的，也可以是书面的；可以是实物的，也可以是声像的；可以是历时的，也可以是现时的；可以是探索性的、实验性的，也可以是描述性的等。评价内容不同，其采用的评价形式也不一样。例如，要想评价学生的跨文化交际能力，观察描写法、角色扮演法就是最好的方法。另外，作品的形式还取决于教师与学生对不同评价形式的熟悉程度。当然，教师应该对学生进行指导和培训，尽可能地使用更多不同的形式。

（3）确定评价的标准。传统的标准化测试的优点在于：有明确的标准，易于评价，而其他非定量的测试往往具有较强的主观性，很难保证可靠性。虽然有这些问题，但近年来随着口语测试、写作测试研究的深入，针对非标准化测试、非客观化测试的可靠性已经开发出了一些好的评价标准。这些评价标准往往是针对知识、态度、能力等评价项目而言的，根据不同学生不同等级的表现来描述，可能是优秀，可能是很好，可能是一般，也可能是差。

（4）确定时间计划。与传统英语评价方式不同，作品集学习评价法是从学期开始延续到学期结束，其包括很多内容与形式，因此在学期开始之前，教师应该让学生确定整个计划。学生在与教师确定各个项目的标准、形式、时间的过程中，学生自然而然地就成了学习评价的参与者，他们不仅清楚自己的学习任务，而且由于自己之前已经参与到制订标准与计划中，因此在执行的时候也比较轻松和主动，积极性较高。

（5）学生按照计划完成学习任务。评价活动不仅是在课内进行，也有很多是在课外进行的。诸如介绍、演讲等往往是在课内进行的而课外阅读、课外听力、学习日记和写作练习等往往是在课外进行的。但是，无论是在课内进行的评价，还是在课外进行的评价，学生都需要按照一定的时间计划来逐一进行。

（6）教师对学生进行指导。虽然评价内容、评价形式、评价标准、时间计划等都已经得到了确定，但是教师不能完全撒手不管，任由学生独立完成。由于每一个评价项目都包含英语知识与技能的评价要点，因此教师需要教授和引导学生弄清楚每项学习任务的目的与意义，并且对评价标准予以重申。只有这样，学生才能把握住信息化时代背景下英语学习的要点，掌握英语学习的技巧和方法，按时完成学习任务，更好地实现英语教学的目标。

（7）教师与学生进行面谈。在学生完成任务的过程中，教师还可以和学生进行面谈，了解学生任务的进展情况，并回答学生在执行任务时所遇到的问题。这样才能与因材施教原则相符合。当学生与教师进行单独交谈时，可以畅所欲言，向教师表达自己的学习困难和学习体会。同时，通过这样的交流，教师也可以了解学生的学习境况，指出学生学习中的不足，并帮助学生解决学习任务中的问题。另外，这样的交流也可以拉近教师与学生间的关系。使用作品集学习评价法，学生的最终成绩是根据整个学期学生完成的各项学习任务来评定的，如果教师能够与学生多进行几次面谈，并给予学生足够的鼓励和建议，则会有利于促进学生学习效果的提升。

（8）学生根据评价表进行自评。学期结束后，所有学习任务的作品集已经完成，这时教师需要将评价表发给学生，让学生根据自己的学习情况、任务完成情况及完成任务过程中的表现进行评价。通过学生的自评，不仅有利于让学生回顾自己的学习过程和所取得的成绩，并对此进行反思，这样有利于学生发现自身的不足，明确自身以后努力的方向。

（9）交换作品集，学生间互评。信息化时代下的高校英语教学更加推崇学生与学生间的相互学习。借助网络手段，通过阅读和学习其他同学的作品集，学生不仅可以了解他人的学习情况以及取得的成就，也可以反思自己的不足，从而做到取长补短。另外，在对他人的作品集进行评价时，学生必然会对评价标准进行斟酌，力求给出一个公正、客观的成绩，这也就构成了学生再学习的机会。

（10）教师对作品集进行终评。在整个学期中，教师都在对学生的英语学习进行评价。而学期结束之后的评价，是教师对学生之前的总体情况的综合评价，是在参考学生自评、同学评价的基础上进行的最终评价。

作品集评价法对于信息化时代高校英语教学也适用。目前，国外已经有多所高校开始进行电子档案袋评价系统的实施，并已经出现不少电子档案袋评价系统软件平台。国内在这方面的研究也有探索和初步应用，但是还没有形成规模化合作研究。近年来，有关作品集评价法，特别是电子作品集评价法的介绍、开发、设计和应用的研究不断涌现。

2. 模糊评价法

模糊评价法主要用于对收集的信息进行分析。网络环境中存在一些不可控制的模糊因素，使评价的实施较为困难，模糊综合评价则致力于解决这一问题。

模糊综合评价法的步骤包括：建立因素集、建立权重集、建立评语集和模糊综合评判。

模糊综合评价法在网络外语教学评价中的应用不多，但是已经开始受到关注。英语课堂教学评价的核心内容在于教师是否关注学生主体性的发挥，是否能够调动学生学习语言的积极性，是否善于激发学生的思维和学习兴趣。

对教师进行课堂教学的单层次模糊综合评价的具体方法步骤如下。

第一步，建立课堂教学的"评价指标集合"（"论域"）U，即课堂教学的"要素"。一级指标集为 U：每个一级指标又对应一个二级指标集。$U=（u_1,u_2,u_3,u_4）$，$u_1=$ 教学态度，$u_2=$ 教学内容，$u_3=$ 教学方法，$u_4=$ 教学效果。

第二步，建立"评语集合"V：$V=（v_1,v_2,v_3,v_4,v_5）$，$v_1=$ 优，$v_2=$ 良，$v_3=$ 中，v 较差，$vs=$ 差。

第三步，明确该级模糊综合评价的"权重向量"W。

第四步，根据学生填卡及专家组听课的评价信息，统计列出参评教师的"评价矩阵"，$R=（r,）$ 中，表示指标 u；对评语 v；隶属度 = 评课人对该老师在指标 u；上评判 v；的百分比。

第五步，计算"模糊综合评价矩阵"$B=（b；）$。

第六步，根据模糊综合评判中的"最大隶属原则"，获得该教师课堂教学的模糊综合评价结果。

五、信息化时代高校英语教学教学评价的创新

（一）档案评价法

建立学生档案是目前最受教育研究者青睐的一种教学评价方式，也是形成性评价的一种重要方式。学生档案犹如学生的信用一样，对学生在学校期间的表现甚至对学生毕业以后的发展都有着重要的影响。

1.学生档案的形式

所谓档案就是组织或个人在以往的社会实践中直接形成的清晰的、确定的、具有完整记录作用的固化信息。学生的档案主要是指涉及学生学习情况的档案，即根据教育教学目标，有意识地将各种有关学生表现的作品及其他证据收集起来，并进行合理的分析与解释，能够反映学生在学习过程中的优势和不足，并通过学生的反思与改进，促使学生取得更高的学习成就。作为对学生进行评价的一个重要工具，档案评价可以将课程与教学同评价结合起来，贯穿到日常的教学活动中去。学习档案袋一般有以下两种形式。

（1）课堂记录卡。课堂记录卡可将在课堂中发生的事情如实记录下来，客观地描述学生在课堂上的表现。课堂记录卡一般由学生自己填写，并标明具体时间，然后收集在学生

档案袋里。可见，课堂记录卡收录的主要是学生在课堂学习中的一些情况，它可以帮助学生及时了解自身的学习过程和学习方式。

（2）个人作品档案袋。个人作品档案袋可以收录学生在学习过程中通过各种形式的实践活动所获得的收获和成果，便于师生间交流学习。作品档案袋的内容灵活多样，可以是学生撰写的优秀小论文、获奖证书，也可以是他人对自己的评价以及自我评价结果等。此外，还可以将学生的录音、照片／画、与同学的合作项目等收录到个人作品档案袋中。

2. 学生档案的收集

学习档案材料的收集方式有很多。教师首先应该在新学年一开始就制订一个总的计划，如使用学生学习档案的最终目的是什么，要收集哪些材料以及由谁来收集。一旦清楚了这些问题，收集资料的活动就会变得容易很多。由于收集资料需要一个漫长的过程，只要坚持记录有关学生学习过程就可以了，因此教师要培养学生的学习习惯，收集他们所有有关学习情况的东西，并收录在一个固定的地方，也就是学生学习档案。

制作学生学习档案时，收集资料并不太难，难的是对资料的选择。因此，学生应该先学会如何整理挑选出合适的资料放进学生学习档案中。通常教师会以学生的口头讨论开始。学生参照教师提供的优秀作业的标准和样本进行讨论，并口头反思彼此的作业。学生进行口头讨论时，教师要将学生谈到的问题进行归纳总结。当学生掌握了口头讨论的基本模式，并且会用现成的标准去评定他们自己的作业后，再转向笔头反思。笔头反思有助于学生从评价中学习，了解自身的优点和不足。同时，教师也能知道学生对自己作业的看法，当发现一些不恰当的看法时，教师应当进行及时的提示与引导。当学生有能力判断他们的作品并且收集了一定数量的作品后，他们就可以将挑选出来的作品收集到学生学习档案里。如果要学生建立一个写作档案，就需要选择以下几个项目。

（1）一篇重要的文章，并说明选这篇作品的原因以及完成的过程和感受。

（2）一篇满意的文章和一篇不满意的文章，并说明对两篇文章的思考。如果学生愿意还可以再加上对不满意作品的改进意见。

（3）一篇文章的写作过程。

（4）随便选一篇文章以及选它的理由。

3. 对学习档案的评价

完成学习档案制作后，要检查学生所选项目是否符合档案要求，并对其进行评价。教师可以利用学习档案评价表评价学生的成长学习记录，检查学生所选项目是否符合学生成长记录档案的要求，并对其做出评价。此外，在评价学生学习档案时应注意以下几个方面：档案是否整洁易读；档案中是否有具体范例；档案中材料的组织是否合理；档案中的材料是否清楚明了；档案是否能够体现不同课程之间的联系；档案的具体内容是否能够清晰、全面地反映学生某一个阶段的学习成果。

（二）自我评价法

自我评价主要指的是学生的自我评价，这种方法鼓励学生为自己的学习负责，鼓励他们勇于对自己在学习过程中遇到的问题进行思考，使他们能够直观地看到自己取得的成绩以及需要提高的地方。教师通过与学生讨论他们的自评实施的过程与结果，可以使他们对学生学习成果的态度有一个了解，也能使学生对自我的学习情况有清楚的认识。下面介绍几种学生自我评价的形式。

1. 学生自评表

自评表的运用对提高教学评价的效率起着促进性的作用，而且操作起来也比较方便且省时，只需在课堂教学活动结束之时发给学生即可。

2. 学生自我学习监控表

学生自我学习监控表主要用于监控学生的学习行为，而且在英语教学的任何一个单元的学习过程中，都可以使用该方法。

首先，在使用学习监控表前，教师应该向学生介绍该方法的用途和操作方式，也可以在每一个单元学习之前都对该表的使用方法进行介绍，以确保学生有效地对其进行应用。

其次，在开始学习一个单元之前，学生根据自己的实际情况自行选择想达到的等级；然后学生在活动一栏中写上他们要完成的活动，这时需要注意的是学生在计划时，一定要保证这些活动能为他们取得足够的分数；接下来学生需要进行的是在学习过程中参照自己预先制订的目标，在完成活动的过程中及时地标明自己的进度，这样可以为今后行为的调整做参考。

最后，监控表中的目标完成的过程是学生的自主行为，但教师也应进行适当的指导，要时常提醒学生检查自己目标达成的情况，为他们调整下一步的行为提出参考意见。

自我评价是终结性评价的重要手段，其能够检测出学习者在一段时间学习后的效果，为日后的学习指明方向。

3. 自我提问单

自我提问单可以使学生养成自主学习的好习惯，同时还可以监控学生对各种学习策略的使用。

（三）同伴评价法

在同伴评价中，沟通技能和合作技能对评价的结果影响很大。但在采用这一评价方式时需要教师采取一定的策略来落实，因为同学之间彼此信任和真诚的互相评价一般来说都需要通过长时间的培养。但是同伴评价也并不一定要操作得复杂，可以通过简单的活动来实施。

例如，设计活动，让学生分组来完成一项任务，鼓励组中每个成员都积极参与其中，奉献自己的聪明才智，共同完成任务。而在活动结束后，作为组中的每个成员，都要对自己和他人的贡献做出评价。当然，这种评价并不是可以盲目进行的，有时也要遵循一定的规则，如大家根据事实谈自己的观点或发表评论，而非完全根据个人主观偏见或好恶来评论。具体的方法可以举一个例子，如可以让 5 个学生评一个学生，每一个评价者都为某个学生的课堂表现写评语，但在评价时规定要把重点放在学生的优点以及改进的建议上。反过来，被评学生将根据同学和老师的评语进行反思并写一个总结，以确定自己的改进目标。

当一段学习结束之后，通过同伴评价，学习者之间可以交流学习经验，沟通学习上的不足。同伴评价式的终结性评价同时也是培养班级凝聚力的重要方式。

（四）研讨式评价

研讨式评价将学生参与课堂活动的表现纳入其表现评价的内容之中，根本目的在于让学生学会更有效地思考，并为自己的见解提出证据。它体现了课程、教学与评价的整合。

研讨式评价的实施方式很多，它既可以成为学生学业的展示，也可以成为课堂评价的一部分，还可以成为结业作业的展示，然而，无论采用哪种方式，教师都必须明确设计一套巧妙的问题和合理的评价准则。由于研讨式评价对教师所提出的问题以及教师本身有着较高的要求，因此这种评价方法尚处于引进摸索阶段，目前主要适用于对学生学业成绩的评价。

具体来说，研讨式评价的操作步骤以下五点。

第一，明确教学目标。

第二，选定研讨采用的文本。

第三，教师提出起始问题。

第四，选择记录研讨过程的方式或设计简明的记录表。

第五，以多种方式完成评价。

研讨式评价是一种有效的评价方法，它为课程和教学改革提供了一个新思路，即把课程、教学和评价结合成为一个有机的整体。这种思路也是当前其他各种质性的评价方法的一个共同的发展趋势。

（五）其他常见的评价法

上面我们介绍的这些方法主要是针对学生的表现进行评价的，下面我们再介绍其他一些大学英语教学评价中常用的方法，这些方法有的可以用来评价学生，有的既可以用来评价学生，也可以用来评价教师。

1.调查法

调查法既可以用于评价学生多个学业，也可以用于评价教师的授课质量。其方式主要包括问卷和访谈。调查法适用于了解特定教师在一段时间内的教学情况，多用于专门鉴定教师的综合教学水平的管理性评价。

2.综合量表评价法

量表是一种比较有效的评价工具。量表的使用使评价更加公平、可靠，可以节约时间，诊断学生的优势与不足。综合量表评价法可以用来评价教师的教学活动，它十分注重教学活动的具体分解、对信息化处理和将标准进行统一，因而是一种比较精细的数量化的评价方法。此外，它具有标准具体化、结果准确率高、评价人员主观干扰较少的特点。

综合量表评价法还可以用来评价学生。例如，写作评价量表既可以帮助学生反思自己的写作学习，又可以为教师安排下一次写作教学提供依据。

3.分析法

分析法是通过对教学工作进行定性分析来评定教师授课质量的，一般没有专门的评价标准，而是依靠测评人员的学识和经验进行评价。分析法可以分为他评和自评两种方式，其评价结果以定性描述为主。

分析法的优点在于简便易行，能够突出主题或主要特征；缺点在于容易受到主观因素的影响，规范性差。因而，分析法适合以改进教学工作为直接目的的日常教师授课评价，而不宜用于规范的管理型的教师授课质量评价。

4.座谈法

座谈包括与学生的个别交谈和组织学生开展的学生会议。例如，在项目学习过程中，教师可以定期召开学生会议，通过小组汇报项目开展情况、小组讨论来完善自己的项目操作。与一般的座谈不同的是，这种学生会议的目的不是了解学生的学习压力和困难，而是通过开展学生会议监控项目学习、评价项目学习，从而通过项目学习促进学生的发展。

5. 电子化评价法

基于计算机开展的电子化评价是随着计算机和互联网技术发展起来的一种新型评价方法。由于计算机具有运算速度快、自动化程度高、信息吞吐量大的优点，因此将教学评价和计算机网络相结合具有很大的优势：能够大幅简化评价的操作，提高评价的效率和效度；使过程评价的理念得以贯彻落实，解决过程评价中出现的一系列问题等。

计算机网络的普及为电子化教学评价的发展和完善起到了极大的促进作用。目前，在部分经济发达地区，计算机网络已经成为课堂教学的重要工具，为开展电子化评价提供了基础。

第八章

信息化时代下高校英语教学的师资优化

第一节 高校英语教师的角色及素质要求

一、高校英语教师的角色

（一）教师的角色

1. 教育者

教师首先是一名教育者，那么作为一名教育者，教师就需要承担起教书育人的重任，对学生进行教育与培养。那么教师要想成为一名合格的教育者就需要其具有强烈的责任感和浓郁的敬业精神，在日常生活中能够以身作则，除了对学生进行知识的传授之外还应该用自身的行为感染、熏陶学生，从而使学生形成正确的世界观、人生观和价值观，帮助学生树立良好的人格。

2. 工程师

教师被称为"人类灵魂的工程师"，承担着引导人、改善人和塑造人的任务。教育的目的就是使人向着好的方向发展，纠正人们不好的行为、净化人们不好的心灵才出现的。教师既然是工程师就需要掌握一定精湛的技术，这个技术就是教师教书育人的能力和知识的储备量。因此，教师必须在知识储备和教学技能方面不断地使自己得到提升。

3. 激励者

教师是学生人生道路上的引路人，更是学生成为一名成功者的激励者。那么作为学生人生的激励者教师需要承担鼓励学生学习、满足学生求知欲望的使命。在教学过程中，教师应该给予学生充分的信任，通过鼓励等方法激励学生的学习兴趣，对知识的渴望是学生取得进步的基础和前提，同时也是学生获得优异成绩的巨大动力。教师的任务就是教学，通过教学内容的传递促使学生敞开他们的智慧之门，调动他们的学习兴趣，从而激励他们勇于探求知识、探索世界。

4. 艺术家

教师通过手中的"知识之笔"和"智慧之笔"在学生人生的画卷上留下非常重要的一笔，这就像艺术家创造一幅精美的画卷，在学生的学习生涯中扮演着重要的艺术家角色。除此之外，教师还在学生中传播"美"，教会学生什么是"美"，如何才能做到"美"，以此不断提高学生欣赏"美"的能力。生活之美、工作之美、学习之美等，都是教师需要让学生用心体会的，这是教师作为一名"艺术家"应该做到的事情。

5. 指导者

教师在学生学习中扮演着"指导者"的角色。教师通过对学生进行知识的传递与思想的引导，促使学生掌握一定的科学文化知识，并且形成一定的人生技能，让学生在未来有一个更好的发展，因此教师"指导者"的身份对于学生获取知识来说至关重要。

从上面的描述中我们可以看出，教师这一职业有着多重角色，他们不仅是一名教师，同时还是一名伟大的工程师、一名学生的激励者、一名富有创造性的艺术家和一名学生获取知识的指导者。无论未来科技多么发达，无论社会多么进步，也无论教师所教学科多么不同，各个教师所承担的使命和任务都是一样的，教师的本质特征是不会发生改变的，因此每一位教师都应该做到这些共有的特性，成为一名合格的教育者。

（二）英语教师的角色

英语教师是教师职业的重要组成部分，因此英语教师除了要具备上述提到的共有角色之外，还要承担学科所特有的角色。英语学科是一门较为特殊的学科，是中小学除了语文之外的另一门语言类课程，英语教学有着其特殊的方法和体系，因此教师在教学过程中需要从英语这一学科的特点出发，不仅要使学生掌握英语语法，同时还要教会学生如何说、如何听和如何用，注重提升学生听、说、读、写的能力。除此之外，英语对于学生来说是比较难的学科，教师需要通过一定的教学方法激发学生学习英语的兴趣。因此，英语教师通常扮演着以下八种角色。

1. 英语语言知识的引导者

英语教师是英语语言知识的诠释者，因此英语教师要具有渊博的英语语言知识储备。

也就是说，英语教师必须对专业知识有系统的掌握，并能够系统地分析各种英语语言现象。通常英语教师需要掌握的专业知识包含理论知识、语境知识、实践知识等。英语教师只有掌握了这些知识，才能对语言材料、语言现象有一个清晰的剖析和阐述，也才能解答学生在学习中遇到的问题，使学生能够恰当地理解并实现语言输出。可见，英语教师是英语语言知识学习的引导者和帮助者。

2. 英语语言技能的培训者

英语教师不仅是英语语言的诠释者和分析者，更是英语语言技能的培训者。学生在学习语言时，对语言知识的掌握是必要的前提条件和基础，而学习语言的目的是提高和发展自己的语言运用能力。英语教育的目标是让学生具备一定的读、写、译能力，而听、说能力是提升学生读、写、译能力的前提和基础。因此，在大学英语教学中，教师必须具备掌握语言技能的能力，这是一个全方位掌握的概念，是听、说、读、写、译的有机结合。

3. 英语课堂活动的组织者

课堂活动对于任何教学活动来说都是必不可少的，大学英语教学也不例外。英语课堂活动是课堂教学的载体，设计合理的英语教学活动有助于提升教学的质量。英语课堂活动是训练语言技能的一种有效方式。

4. 英语教学方法的探求者

在英语教学中，教师不仅是固有教学方法的使用者，也承担着新型教学方法的探求者和开发者的角色。语言教学具有很强的实践性，因此与教学方法关系密切。英语语言知识的分析、语言技能的掌握、课堂活动的组织等都离不开科学的教学方法。任何一种教学方法都不是万能的，英语教师需要将各种教学方法综合起来对教学进行组织和实施，以便获得更好的教学效果。

5. 语言文化差异的解释者

英语教师还充当着中西方语言文化差异的解释者的角色。文化差异逐渐成为中西方跨文化交际的障碍。在英语教学与学习中，除了要教授英语语言知识和技能外，还需要教授文化背景知识，三者是相互促进、相互弥补的关系。

6. 英语语言环境的创设者

良好的语言环境对于语言学习有着至关重要的作用。通过创设真实的语言环境，教师可以将新旧知识串联起来，了解中西方的文化传统习俗，这比学生单独学习词汇、单独学习句子等成效显著得多。英语语言环境的创设不仅在课堂教学中展开，在课外也应积极创设。在课堂上，教师可以利用网络多媒体技术让学生了解与西方社会文化资源接近的各类文化资源和语言环境。在课外，教师可充分利用网络教学平台、引导学生阅读英语报纸杂志等，使学生能置身于英语学习的环境中，不断提高其英语水平。

7. 英语教学测试的评价者

根据《大学英语教学指南》，教学评价是大学英语教学的一个重要环节。对大学英语教学进行的。教学评价既是教师获取教学反馈、保证教学质量的一个重要依据，也是学生改进学习方法、调整学习策略的一个有效手段，科学、全面的评估对于教学目标的实现非常重要。

8. 英语语言教学的研究者

英语教师除了担任语言教学任务外，还承担着研究者的任务。他们在掌握语言教学理论与性质规律的基础上，逐渐构建自己的教学理念，并运用这一理念去指导实践活动，达到良好的教学效果。因此，英语教师在英语语言教学实践中，必须进行英语语言教学的理论研究，将教学研究与课堂教学实践相结合，从而实现理论到实践的转变，再到理论的升华。

（三）基于"互联网+"的英语教师的角色

在信息科技高速发展的时代，互联网的兴起对教师角色的扮演提出了更加严格的要求，教师们面临着更大的角色扮演挑战和教学挑战。当前是"互联网+"的时代，时代的进步要求高校教师使用更加先进的教学方法和教学手段，改变原有的教学理念和教学模式，只有这样才能够更好地适应当前时代的发展和满足当代学生对于知识的渴求。因此在"互联网+"的时代，高校英语教师除了要扮演上述八种角色之外，还要积极主动地担任起以下六种角色。

1. 单元任务的设计者

高校英语教师在教学过程中，每一个单元都有单元主题目标，这一主题目标通常都需要教师合理地设计单元任务，学生通过对这一任务的学习与操练使自己的英语知识面得到拓展，同时通过任务的解决也可以提升自己分析问题和解决问题的能力。所以，围绕着单元主体目标而设定的单元练习任务对于学生学习英语有着非常重要的意义，那么相应的教师的任务也出现了，就是对单元训练任务进行合理设计。这一任务的设计需要以学生的学习水平为基础，要能够体现和提升学生的现有学习水平，不能过于困难也不能过于简单；教师在提出单元任务之后要求学生在规定的时间内完成，然后对学生完成的结果进行及时查看，最好当场给出分数和评价，让学生知道自己的优势和不足之处。在设计任务时应该体现全员参与性，积极调动学生学习的热情和积极性。

单元任务的设计需要体现出学生在某一单元学习过的内容，要能够对学生学习过的内容起到巩固与复习的作用。只有学过的知识被充分地吸收和掌握，学生才能够逐渐地、真正地掌握英语这一语言。

2. 教学模式的设计者

在"互联网+"的时代背景下，高校英语教师需要改变原有的教学模式和教学方法，创新教学方法和课堂教学模式。不仅要充分利用互联网的优势，还要吸引学生的学习注意力和提升学生学习英语的效率。因此，高校英语教师在设计教学模式时需要以学生感兴趣的话题为基础，增强学生的学习兴趣，比如校园生活、学业压力、人际关系、就业、考研等。教学模式在实施的过程中不能离开教师的教学主题，而且可以让学生进行分组讨论或进行主题写作，以达到对某一主题的学习与掌握。

由于教师教学过程中需要借助于网络，所以教师在对教学内容进行安排时需要提前从网上筛选出合适的教学辅助材料。但也不是所有的教学都需要网络教学，比如对内容的讲评或学生讨论就不需要借助网络，而阅读和写作课就可以借助网络进行教学。

当前互联网高度发达，无论什么样的英语学习主题几乎都可以在网络上找到相关的学习资料，而这些网络资料通常是非常全面的，包含这一主题的文化知识背景和主题发展动态；教师提供了学习材料之后学生又对主题材料进行整理与总结，从而总结出自己的结论或心得，最后再与其他的同学进行讨论，这种学习模式不仅可以提升学生自主学习的能力，同时可以培养学生的人际交往能力。教师打破了传统的教学模式，同时取得了更加显著的教学成果。

3. 学生网络学习的帮助者

在"互联网+"的时代背景下，教师有的时候需要通过网络进行授课，那么这个时候就需要教师充分发挥自身对学生的网络监控作用。教师不仅可以通过网络进行授课，也可以通过网络监督学生的学习过程，了解学生学习动态，为学生及时地提供学习需求。教师可以通过互联网对学生进行辅导与帮助，尤其是对于一些成绩比较差的学生，网络辅导教学是非常重要的，可以帮助差生及时地解决疑问，从而提升差生的学习成绩。不仅如此，教师还可以通过监控学生浏览网页的次数和频率对学生的学习爱好进行了解，同时能够了解学生在学习过程中遇到了哪些问题，因此网络教学对于教师来说是非常方便的，也具有较强的实际意义。

需要注意的是，教师关注的不仅是学生们共有的疑问，对于个别疑问也应该进行有针对性的解答，重点提升个别学生的学习成绩。综上所述，学生进行网络学习通常会方便很多，教师在学生网络学习中也扮演着重要的角色，为学生的网络学习提供帮助，由此解决学生的疑问，提升学生的学习成绩和学习能力。

4. 在线学习系统的建立者

在"互联网+"的时代背景下，网络技术为学生的学习提供了诸多便利，同时对教师的教学有着重要的辅助作用，但是无论是教师借助网络进行教学还是学生借助网络进行学习，都需要建立一个完善的学习系统，而教师就是这一学习系统的建设者。教学过程是教师教和学生学共同组成的一个动态过程，因此这一学习系统不仅要包括教师端，同时还包括学生端。学生需要在学习系统中填写个人的基本信息，然后向自己的班级教师发出加入申请，教师再对于加入的学生进行审核，审核通过后学生才能够成功地加入学习系统中来。

学习系统中有各个功能的导航。根据导航提示，学生可以对自己学习所需要的材料进行下载。比如，在学习系统中，通常都会有"单元测试""家庭作业"等学习项目，学生可以在线对这些练习进行作答，然后再提交由老师审阅、批改。如果学生想参与讨论的话，就可以通过"师生论坛"或者 E-mail 的形式与教师或者其他同学进行讨论，参与网上学习互动。

总的来说，学习系统实际上就是课堂教学或网络教学的课外延伸。通过这一学习系统，教师可以清楚地看到学生的学习记录与学习成果分析，从而快速地、直观地了解学生的学习效果与对知识点的掌握情况。

5. 交互机制实施的促进者

英语是一门语言类学科，教师只是对学生进行语言的输入实际上并不能保证学生真正地习得英语这门语言，但是交互活动却可以很大程度上帮助学生习得英语，这里说的交互活动主要包括意义协商和语言输出两个部分。互联网时代的网络技术又为这一交互活动提供了极大的便利，使这一交互活动有了前提条件与基础。教师是交互活动过程中的有效促进者，其应该积极地引导学生参与到交互活动中去，从交互活动中感受英语的魅力，提升他们的英语学习兴趣。比如在 BBS 上发布一些与教学内容有关的拓展知识或练习；可以通过校园 BBS 给学生布置相关的学习任务，对学生的学习起到复习和巩固的作用，同时 BBS 也是一个很好的讨论交流平台，可以借助微信或 QQ 让学生在群里进行交流与讨论等。这些交互平台既具有即时性，同时具有一定的延时性，因此教师在交互过程中应当充分发挥自身促进者的作用，讨论的时候和学生进行及时的讨论与交流，维持交互活动正常进行。

6. 数据收集整理的分析者

我国早已进入大数据时代，大量的优质课程的上线，使学生可以免费获取大量优质的学习资料，在学习方法这一方面学生有了更加多样的选择，那么在这种环境下，高校教师就需要使自身变得更加优秀，对自己提出更高的要求。数字教育平台的建立使各科都有了优质的学习资源，网上学习的学生也在不断增加，教师通过对学生学习数据的挖掘与分析，可以快速而准确地了解学生的学习动态，及时把握学生的学习情况，对教师下一步教学内容的制订与教学方法的选择都具有重要的参考意义。

高校教师要想利用数据的挖掘与分析功能，就需要掌握数据挖掘与分析的技巧，这一技巧包括模型预测、机器学习、比较优化、可视化等。

二、高校英语教师的素质要求

互联网技术的发展很大程度上引起了教学理念和教学方法的变革，其中"以学生为中心"的教育理念逐渐地深入人心，得到高校教师的广泛认可。在"以学生为中心"的教育理念下，高校教师更应该加强自身素质的建设，以身作则，从而潜移默化地影响学生。

（一）职业道德要求

职业道德指的就是教师在从事这一行业时所具有的职业操守和道德品行。教师职业道德是教师在教学过程中道德意识、道德规范、道德情操等一些素质的综合体现。不管时代如何变化，教学方法与教学模式如何创新，教师的职业道德要求是不会发生改变的。

以互联网为依托的教学有线下教学，也有线上教学，而且随着时代的发展，线上教学以其独特的优势越来越受到人们的欢迎；在进行线上教学的时候学生与教师通常面对的都是屏幕或摄像头，都是与机器设备之间的交流，那么在这种情况下学生如果遇到了问题或疑问就需要教师做出更加细致、耐心的回答。因此，线上教学模式要求教师要有更加高尚的品德修养，要有更加强烈的耐心和责任心，对于学生的学习情况也更加关注，尤其是对学生不懂的地方。

具有良好职业道德素质的高校英语教师一定是善于关注学生学习情况以及学生身心健康状况的。优秀的教师能够通过把握学生的学习特点和心理特点，帮助高校大学生在"互联网+"时代形成健康的生活心理、学习心理和工作心理，引导高校大学生树立正确的职业观、人生观和价值观，形成积极向上、健康的心理。

互联网实际上是一个复杂的环境。互联网中有好的、积极向上的信息，同时也有不好的、消极颓废的信息，而这些好的或不好的信息都会给高校学生带来无形的影响，因此面对互联网环境，其信息实际上是非常复杂的。而当代高校大学生对新鲜事物充满了好奇心，尤其对新兴事物他们都希望自己能够亲身体验一下，对于一些不良信息也缺乏一定的抵抗能力，这种情况下高校大学生的网络处境实际上是非常复杂且危险的。所以，高校英语教师首先要有高尚的职业道德和职业操守，其次要对学生进行耐心的引导，积极了解他们的心理动向；高校教师也可以通过了解高校学生的兴趣爱好为学生推荐良好的兴趣软件，防止学生陷入不好的环境中。

为了防止学生陷入不良的网络环境中，高校教师需要及时地为学生提供可以帮助学生学习的电子书或学习资料相关的视频文件，防止学生因随意查找资料而进入不良环境中。同时教师还需要建立 QQ 群或微信群等，为学生提供讨论平台和讨论空间，加强师生之间的沟通与交流，及时为学生解决学习过程中遇到的问题。

除了上述提到的要求外，教师的良好道德素质还体现在以下四个方面。

1. 坚持正确的政治方向，具有高度的责任感

青少年是国家未来发展的动力，是民族发展的希望，而教师在青少年的生活中扮演着重要的角色，教师对青少年进行培养与教化，承担着为国家与民族培养高质量人才的重要任务。教师的言谈举止都可以对学生产生重要的影响，简而言之，其对于青少年世界观、人生观和价值观的树立有着举足轻重的影响。责任是作为一名教师的职业灵魂。由此可见，责任对于教师职业来说是多么重要。教师职业责任可分为三个部分，即岗位责任、社会责任和国家责任，详细地说明了在新时代我国教师职业道德和思想品德所包含的重要内涵。

除此之外，我国高校教师还应该坚持正确的政治方向，坚决拥护党的领导，认真学习习近平新时代中国特色社会主义思想，将党呼吁的时代精神落到实处，以此对学生产生正向的、积极的影响，引导学生为祖国未来的发展而努力，成为一个有着强烈的爱国思想和民族气节的合格的大学生。

2. 热爱教育事业，爱岗敬业

爱岗敬业教师职业道德的内涵之一。每一位教师都应该为教育事业而奋斗终生，以培养更多的人才为职业目标，时刻准备为教育事业奉献自己，更要对学生严慈相济，认真负责。只有对教育事业有了足够的热爱才会将自己的一生都献给教育事业，只有拥有强

烈的热情和责任心才能做好教书育人的工作，才能在自己的职业岗位上焕发光彩，富于激情，才能成为一名合格的人民教师。

3. 关爱学生，诲人不倦

康有为曾经将我国教育划分为四个不同层次，即幼教、小教、中教和高教；不同的教育层次的教师素质和行为准则不完全一样。他认为，中教层次的教师需要"行谊方正，德性仁明，文字广博，思悟妙通，而又诲人不倦，慈幼有恒"；高教层次的教师则需要"专学精深，奥妙实验有得"。可见，中教层次的教师更加注重对学生的热爱，高教层次的教师则比较注重教师专业的精通。教师热爱学生是作为一名教师应该具备的最基本的职业道德素质，而且教师对学生的关爱是学生取得成功的关键因素，这一教师职业道德素质主要体现在对学生的了解、信任和尊重上。高校英语教师要做到"以学生为中心"就需要以促进学生发展为中心，能够设身处地地为学生着想，关心学生的生活、学习、思想等各个方面，努力和学生成为无话不谈的好朋友。

4. 以身作则，为人师表

教师通过自身高尚的行为对学生产生潜移默化的影响，对于学生行为习惯的形成具有重要的影响，因此教师需要做到以身作则，时刻谨记自己为人师表应该有的行为。而且新课程改革也明确提出为人师表，必须成为学生行为规范的示范者，而不仅是促进学生的学习。所以，教师无论是在生活中还是在工作中都应该时刻注意自己的言行举止，严格要求自己，用自己的行为感染学生，促使学生向好的方向发展。与此同时，教师还应该熟知教师职业道德规范的内容，做到终身爱岗敬业、以身作则，以此来影响自己的学生形成正确的"三观"。

（二）专业素质要求

1. 丰富的专业知识储备

除了教师职业道德规范外，作为一名高校英语教师同时需要遵守相关专业素质方面的要求。在互联网高速发展的时期，为了更好地满足学生的专业学习需求，高校英语教师应该具备相当丰富的专业基础知识。扎实的专业知识是对高校英语教师最基本的要求。这里的英语专业知识主要指高校英语教师的英语基本功，就是高校英语教师掌握和使用英语语言知识和技能的能力，即将英语的相关知识准确而完整地传达给学生的能力，用英语进行课堂教学的能力，这也是高校英语教师必备的最基本的专业素质了。

英语的口语表达能力和写作能力是体现出高校教师具有较强的业务素质两个重要的衡

量标准。在"互联网+"这一时代背景下,高校英语教学需要通过网络媒介和学生进行交流与沟通。如果教师自己都无法用英语清楚地表达其意思,就更别谈师生之间的有效沟通了。与此同时,教师还需要对学生的批判性思维进行培养,英语是西方国家的语言,需要学生形成正确的是非观;同时教师需要引导学生正确地对待不同文化之间的差异性,消除对异国文化的偏见,只有这样才能更好地学习一个国家的文化和语言。

此外,在网络教学中,高校英语教师需要具备一定的使用现代科技进行教学的能力,充分利用现代网络信息让学生学习到更加全面而系统的知识。

2. 先进的教育理念

在"互联网+"的时代背景下,高校英语教师完全可以利用网络的力量为学生提供一个较为真实的语言学习环境,让学生在真实的语言环境中去感受英语的魅力,体验学习英语的乐趣,而不只是为了应付大学中的期末考试或英语等级考试。当然,在为学生提供真实的语言环境之前,高校教师需要先转变自身的教育理念,树立先进的教育理念,拥有长远的目光。简单来说,这种先进的教育理念就是"以学生为中心",教给学生真正需要的知识,能够在未来的生活与工作中运用到的知识,而不是像先前的理念一样,只是为了让学生顺利通过考试。

高校教师需要对自己的学生有一个充分而全面的了解,知道学生将来打算使用英语做什么,然后再根据学生的需要选择教学内容,真正做到"以学生为中心",而不是想当然地认为学生们都只是为了通过考试才学习英语的。"以学生为中心"的先进教育理念还体现在教师与学生在课堂教学中的互动上,教师在教学过程中扮演着主导者的角色,而学生才是学习的真正主体,因此高校教师在"互联网+"这一时代背景下一定要注意多与学生互动,让学生树立学习的主人翁意识,让他们认识到学习是为了自己而不是为了别人。总而言之,先进的教育理念对于高校英语教师来说非常重要,也是高校英语教师必须具备的专业素质之一。

3. 创造性的思维方式

创造性思维是一种具有很高实用价值的思维方式,其主要指的是人们运用新的方式、新的技术分析问题和解决问题的思维方式。一般来说,创造性思维主要具有以下四个方面的基本特征。

首先是创造性思维的独特性。主要体现在主体打破常规思维,从新的角度去分析问题和解决问题的能力。

其次是创造性思维的多向性。主要包含两个方面,即发散性思维和聚合性思维。

再次是创造性思维的综合性。主要体现在主体通过分析、归纳与综合，从而找出事物的主要矛盾或矛盾的主要方面并妥善解决的能力。

最后是创造性思维的发展性。主要体现在主体对于事物的发展具有预见能力，从而推测出事物接下来的发展趋势。

在"互联网+"这一时代背景下，高校英语教师应该主动培养自己的创造性思维，使自己在教育教学创新和教育科研发展方面有所建树。高校英语教师的创造性思维还体现在教学方法的创新、教学模式的创新等方面。只有具备了创造性思维，才能够培养出具有创造性思维的学生，创造性思维是高校英语教师最为重要的专业素质。

（三）科研能力要求

理论来自实践，教学理论实际上也来自教学实践。这一教学实践不单指教学方面，同时包括科研方面，科研实践能力也是高校教师需要具备的能力之一。可以说，科研实践也是检验科研理论的一个重要标准，因此高校教师要想在科研方面有所成就就需要具备使用科研理论和进行科研实践的能力，科研实践和科研理论共同促进高校英语教师科研能力的提高。

在"互联网+"这一时代背景下，高校英语教师要想具备科研能力，就需要先掌握一定的科研方法，比如教学实验法、问卷调查法、访谈法、文献法等。在具体展开研究的时候，高校英语教师可以选择一个与自己专业发展方向一致的方面进行研究，研究的时候需要注意研究方法的选择。伴随着科研能力的形成，教师还需要具有信息加工、网络搜索、信息反馈等能力。

科研能力是高校教师必须具备的专业素质之一，良好的科研能力有利于促进高校英语教学的开展，而教学实践的开展又促进了科研的进步，从而形成一个良性循环。

（四）实践水平要求

1.实践能力

高校英语教师的实践能力是指高校英语教师具备的改造能力和从事英语教学的能力，如信息技术的操作、教学工具的使用等。良好的教学实践能力对于高校英语教学十分重要，其主要表现为两个方面，一个是实际运用能力，另一个就是指导实践教学的能力。

（1）实际运用能力。实际运用能力指的就是高校英语教师使用英语撰写文章、撰写论文、编写教材、进行学术交流等的能力。其中学术交流是高校英语教师日常教学活动中的重要组成部分，也是高校英语教师的重要职责。高校英语教师需要通过自己的一些科研成果推动所在高校英语专业的发展。不仅如此，高校英语教师还可以在学术交流中发现自身存在的不足，从而得到弥补，促使自身学术水平的提高。

（2）指导实践教学的能力。高校英语教师运用英语的能力实际上对学生学习英语产生着重要的影响，这一影响是渗透于教师教学过程中的，是潜移默化的。高校大学生的英语听、说、读、写综合运用能力与教师在教学过程中提供的实践指导是密切相关的。"听"是学习英语必然要经历的一个环节，同时是课堂教学互动过程中必须经历的一个过程，高校英语教师需要利用自身的听力能力对学生的发音、语调、语法和表达进行及时的纠正；而高校英语教师的"说"则显得更为重要，教师流利而标准的发音可以为学生提供一个较为真实的语言环境，对于学生学习英语起到示范性作用，同时对于培养学生的口语表达能力也具有重要的影响；"读"是高校英语教师最基本的一个专业技能，通过读教师可以更好地把握教学内容，向学生传达教学信息；"写"考查的更多的是高校英语教师对英语这一语言的运用能力，写作通常能够体现出一个高校英语教师的专业水平，教师较强的"写"的能力对于学生写作水平的提高具有直接的促进作用。

2.收集信息的能力

在"互联网＋"这一时代背景下，高校英语教师的实践能力还体现在其对信息的收集与运用能力上。互联网上的信息通常都是海量的，高校大学生虽然具有一定的辨别意识，但是缺乏一定的抵抗能力，因此高校英语教师面对海量信息的时候就需要进行理智的筛选。高校英语教师应该能够迅速锁定自身教学对于信息的需求，然后迅速提炼出有意义的信息，再进行运用，来解决教学过程中出现的问题。高校英语教师还需要掌握正确而多样的信息检索方式，通过多种渠道获取自身需要的信息。

在"互联网＋"的时代背景下，高校英语教师具有较高的信息收集能力和现代技术掌握能力对于教学质量的提高有着重要的作用。通常情况下，高校英语教师要想提高自身的收集信息能力就需要做到以下三个方面。

首先，高校英语教师需要对信息具备一定的敏感度，能够较为快速地从复杂的海量信息中捕捉到自己需要的有效信息，能够从网络信息中捕捉到英语学科的发展动态。与此同时，高校英语教师还需要善于捕捉学生的动态信息，对他们的学习动向进行把握。

其次，高校英语教师需要具备一定的信息获取能力、信息存储与加工能力、信息筛选与创造能力等，可以说这是高校英语教师具备良好的信息收集能力的核心表现。

最后，高校英语教师还需要具备了解动态信息和捕捉前沿信息的能力。

第二节　师资优化存在的问题与要求

一、师资优化过程中存在的问题

（一）师生合作的问题

教学主体是高校英语教学的关键组成部分，它可分为教学个体与教学群体两部分，前者包括教师和学生个体，后者包括教师群体、学生群体、教师与学生相融合的群体及其中互相联结、互相影响的复杂关系。

高校教学对师生交互有较高的要求，理想的师生互动具有方向一致、方法一致、沟通顺畅等特点。但是，就当前信息化教学的实践而言，在教学体系、教学模式逐渐走向信息化的过程中，师生关系权重逐渐失去协调性，学生的认知与情感也出现了失衡的现象。上述失调主要体现在教与学目标不一致、教师与学生情感沟通不到位等方面。究其根源，一方面，是因为教师在制订教学计划和教学大纲的过程中没有形成正确的信息化教学认知，未能与学生及时地进行沟通，未能倾听学生对于信息化教学形式完善的诉求，教师方面的不足导致新型信息化教学模式和教学设计与现实脱节，其教学设计难以贴合学生的学习水平，难以满足他们的实际需求；另一方面，在教学活动过程中，教师过于依赖计算机平台和网络媒介对学生进行指示和反馈，对学习进程和学习情况缺乏全面的关注和指导，忽视了学生的情感因素，忽略了师生间的沟通和交流，如此，会使学生产生巨大的孤立感，降低学习的兴趣和动力。比如，当学生在技术操作中遇到困难，在人机交互中碰到阻碍，在小组合作中产生分歧，在自我思考时陷入困境，如果教师没有给予及时的指导和帮助，学生的学习进程就难以推进学习的积极性也会受挫。

通常，人们将现代信息技术视作传播知识的工具，而忽略了它在情感传输方面的重要作用。事实上，正确使用信息技术工具有利于实现师生之间的情感交互。比如，在传统教学中，课后问题和上交的作业往往只能在课堂上得到解决与反馈，而在信息化教学中，学生可以通过移动教学应用软件或网络教学平台发布消息、参与讨论，教师也能即时地接收学生的问题和建议，并能进行实时回复。相比传统的教学方式，信息化教学拓宽了信息传递的渠道，加快了信息交流的速度，加强了师生间的互动，有助于师生情感的沟通和传递。因此，为有效实践信息化教学，除了强调学科知识和技能的学习，教师也应该注重对学生情感的培养。无论是在教学前制订教学模式和教学体系，还是在教学活动进行时，教师都应避免师生间在目标、理念、交流、沟通等方面出现难以协调的问题，尽可能减少教与学之间的矛盾。同时，教师也应该利用信息化教学利于传输情感的作用，与学生进行及时的沟通与交流，适当地对学生进行指导，倾听他们的诉求，从而加强师生间的互动，实现师生关系的协调发展。

（二）教师的问题

在课堂教学过程中，教师承担着传递英语信息的角色，将抽象的、笼统的语言知识转化为具体的、详细的英语语言信息。为了有效传递英语知识，教师需要借助各种渠道和工具辅助教学，在此流程中，作为新型媒介的信息技术，以其承载量大、传输速度快等优势成为教师传递资源的首选。在知识传递的过程中，信息技术能够起到减少信息流失的作用将语言知识完整地展现给学生，能够协助教师完成语言知识的内化和语言能力的培养，促进师生之间良好的双向互动。然而，在具体实践中，教师的能力与信息技术之间仍存在着矛盾，两者仍然没有建构起和谐的合作模式。

首先，在信息技术迅速发展的当下，教师现有的信息素养水平无法达到信息化教学的要求。熟练掌握信息技术理论知识和实践操作并将其应用于实践对于英语教师来说是一项巨大的挑战。由于专业限制，英语教师对信息技术方面的培训接触较少，也正因如此，熟练掌握理论知识和实践技术对他们来说是一项艰巨的任务。另外，有一部分高校英语教师执教时间长，传统的教学方式和思维早已根深蒂固，这也导致了他们在主观上缺乏学习信息技能的动力。受上述多种因素的影响，教师信息化水平与教学客观要求之间产生了差距，这将成为有效推进信息化教学道路上的一个巨大困难。

其次，信息化教学中教师角色与传统教师角色相冲突。在传统教学中，教师扮演了教学中心的角色，以主导者的身份开展教学活动；而信息化教学以学生为中心，要求学生在学习过程中承担主要角色，并积极与教师、同伴进行互动同时利用信息化教学环境自主探索新知识。但是在实际教学中，有许多教师没有改变传统的教学习惯，仍然以教学主角的身份以及灌输式的教学方式对学生进行知识的单向传授。他们忽视了信息技术在教学中发挥的作用，不愿意将讲授型课堂转变为信息化课堂，其教学模式也因此缺乏多样的语言实践活动和丰富的探索活动，从而难以实现对学生语言运用能力的培养。

最后，许多教师没有正确理解信息化教学的真正内涵，对信息技术指导下的英语教学存在错误的认知，因此两方面的问题随之出现：一是在教学过程中完全依靠信息技术；二是对信息技术在教学中所起的作用持怀疑态度，在教学过程中很少使用甚至完全不使用信息技术。总体而言，信息化教学是一把双刃剑，既有独特的优势也存在一定的缺陷。在现实教学中，一部分教师往往只看到它的优点，认为信息化教学是解决问题的万能钥匙，将所有教学任务都交由信息技术完成。比如，教师高度依赖手机移动教学应用，在教学过程中，他们安排学生观看移动软件上的教学视频以完成知识的输入，通过完成软件上的作业进行知识的巩固和输出，最后通过软件的数据统计和评价得到任务的反馈。如此，从知识的输入到巩固到输出再到评价都由信息化软件完成，教师完全不提供或很少提供指导和反馈。在短时间内，这样的方式也许有利于暂时培养学生的自学能力和主观能动性，但不利于学生学习积极性和自主性的保持。这是因为这种教学方式过分夸大了信息技术对教学产生的作用，忽视了教师的引导作用。还有部分教师对信息技术有抵触情绪。一方面，在多年教学实践中，他们已经习惯了传统教学，不愿意做出改变，不愿意接受新的知识和现代的教学方法；另一方面，他们不信任信息技术对教学的促进作用，认为它费时费力且收效甚微。第二类教师的态度较为偏激，造成了信息的闭塞，阻碍了自身的进步和发展，也难以实现教师与信息技术间的良性互动、共同发展。比如，有些英语写作教师反对使用写作批改软件，他们认为软件仅能找出初级的语法和拼写错误，对更高一级的语用、语体、篇章布局等问题却束手无策，对培养学生实际能力意义不大。因此，他们仍会采用人工批改的方式评阅英语作文。又如，在当面交流和线上互动之间，许多教师会选择前者，他们认为师生面对面交流更直接、更清晰，学生能够看到教师的表情和动作，教师也能够从学生的肢体、语言等方面来了解他们对知识的掌握情况以及对问题的理解程度。

由此可见，信息技术有优势也有缺陷，教师不能过分依赖信息技术，也不能对其采取完全反对的态度，而应将信息技术与传统教学有机融合，充分发挥二者的特长，使二者取长补短、互为补充。比如上文提到的作文批改软件的例子教师可以在软件批改的基础上，进行人工补充，即在软件完成第一步语法层面和拼写层面的批改后，教师再进行语用、结构方面的评价。由此，将信息化方式和传统方式相结合，既能减轻教师批阅作业的负担又不失评价的客观性和准确性。

（三）学生的问题

在英语学习过程中，学生需要接收、消化来自教师和环境大量的学习信息和学习资源。因此，为了更有效地学习，学生需要借助一种科学有效的工具来协助自己完成信息的处理和加工。而信息技术凭借其快速的信息传递能力和高效的信息处理能力，成了协助英语学习的得力助手。但即便如此，学生在实际学习中，由于信息素养缺乏等问题，仍无法有效利用信息化教学模式开展学习，两者之间存在突出的矛盾。

第一，学生现有的自主能动性无法达到信息化教学的要求。目前，有不少学生在学习方面存在惰性，没有明确的英语学习目标，自主学习能力差，对待信息化学习偷工减料、敷衍了事。比如，对于线上视频作业，部分学生不会全程观看教学视频，而是采用快进或者挂机的方式完成视频学习任务；又如，对于文字性作业，由于平台中的数据对所有学生可见，部分学生会抄袭其他同学提交的作业，也因此失去了巩固知识的机会，滋长了懒惰心理。总而言之，信息化教学会助长部分同学采取弄虚作假的手段来欺骗学习后台、创建虚假学习日志的心理，使后台数据失去真实性，这不仅影响了教师对学生做出正确的评价，也不利于学生自身知识水平和英语学科能力的提高。

第二，学生的学习理念比较落后，无法达到信息化教学的要求。在语言教学中，网络作为巨大的资源库，将所有的英语学习资源整合到了一起，能够对语言学习进行有效补充，能够方便学生随时随地使用和存储学习资源，推动英语学习进程。但是，部分学生已经习惯了传统的学习方法，对信息化手段抱有排斥情绪，即使拥有优质的学习资源和途径，仍旧以消极的态度对待，不愿意接受网上互动的交流，对微课视频学习敷衍了事，甚至伪造虚假的网上学习记录。这样消极的学习理念，因其落后性、封闭性，会导致学习的停滞不前，也会阻碍了信息化教学的有效推进。

（四）高校英语师资的结构问题

首先，高校英语教学师资队伍的学历结构。在高校英语教学师资队伍中，具备硕士、博士学历的英语教师相对较少，这导致高校英语教学中存在着本科生教本科生、专科生教专科生的现象。尽管高校拥有大量具备高级职称的英语教师，但大多是兼职教师或退休人员，这也在一定程度上影响着高校英语教学的效果。

其次，高校英语教学师资的年龄结构。年龄是一个人知识素养和能力素养高低的重要标志，教师年龄在一定程度上体现了师资队伍在教学活动和创造力发挥等方面的水平，构成了高校师资队伍结构的必然组成部分。现阶段，我国高校英语教学师资在年龄结构上存在着不合理的现象。我国高校英语教学师资的年龄结构，有 50% 以上的是 40 岁以下年龄段的英语教师。可见，高校英语教师队伍以中青年教师为主，中青年英语教师拥有新的知识结构，具备较强的英语技能，更易于同大学生建立和谐、密切的师生关系，但由于他们教龄较低，其英语教学经验和教学能力与 40 岁以上年龄段的英语教师相比处于劣势。对此，高校在英语师资优化中，既要吸纳青年英语教师，增强英语教师队伍的活力，同时需要吸纳拥有高教龄且经验丰富的英语老师，以促进高校英语教师队伍整体素质的提高。

最后，高校英语教学师资的学缘结构。学缘结构是指教师的最终学历及其知识种类。学缘结构具有广泛性和单一性，学缘结构的广泛性有助于英语教师采取多样的英语教学方式，树立先进的英语教学理念，进而推动英语教学的发展。学缘结构单一则不利于形成多种不同的英语教学风格与教学方式，并且容易陷入英语教学误区，如过于关注语法训练对于提高学生英语能力的作用。对于我国高校英语教师而言，他们的数量配备相对较少，导致师生比例失衡。由于英语教师承担着大量的教学任务，他们忙于日常教学工作而缺乏参与进修和培训的时间和精力，这也在某种程度上约束了英语教师学缘结构的优化，进而阻碍了英语教师理论素养和专业技能的提升。

二、师资优化对教师的要求

随着社会经济和信息技术的发展，以及教育理念的更新和教育方式的改变，教师在自身素质和能力提升方面面临挑战。对于高校英语教育而言，英语教师具备怎样的素质与能力，才能适应素质教育的要求，才能与社会发展需求相契合，成为高校英语师资建设的关键问题。要科学、有效地促进学生体质健康，英语教师必须树立"健康第一"的观念，注重增强英语课程的吸引力，积极建立新型师生关系，激发学生参与英语锻炼的热情。

（一）注重自身能力的提高

1.提高自身的教学水平和教学能力

随着社会经济与信息技术的飞速发展，学生可以通过多种渠道获取英语知识，参与英语学习的方式日益多样化，但学校英语教学对于学生的作用是不容忽视的。换言之，人们在学生阶段的英语知识的获取和英语运用技能的掌握依然有赖于学校英语教育，始终与英语教师的教学水平联系密切。因此，英语教师作为学生英语能力的重要推动力量，需要不断提高其自身的英语教学水平和教学能力。具体来讲，英语教师的教学能力具体体现在以下三个方面。

第一，英语教师应具备有效运用英语教材和教法的能力。对于英语教师而言，运用现有英语教材、设备且根据学生的具体情况科学选择英语教材与教法，对于提高英语教学质量、增强学生英语学习效果发挥着巨大作用。

第二，英语教师必须具备准确示范和精练讲解的能力。英语课程具有显著的实践性特点。在英语课程中，学生对于英语知识的学习和掌握，必然依赖于英语教师的讲解，因此教师的讲解应当是易于学生了解和掌握的。英语教师语言示范的好坏能够影响到学生参与英语学习的兴趣，进而影响学生的英语学习效果。因此，英语教师必须具备较强的英语口语能力和交际示范能力，增强英语课程对广大学生的吸引力，最终达到提高学生英语能力的目的。

第三，英语教师应具备良好的教学组织管理能力。社会的发展源自成功的管理，英语教学的有效进行同样离不开良好的组织管理。因此，英语教师应加强对英语课堂教学的管理，对课堂教学时间进行合理安排，对课堂教学顺序进行科学设计，积极组织学生进行口语练习，以良好的组织管理保证英语课堂的高效运行。

2. 提高自身的知识更新能力

英语教师的知识储备和理论水平能够对英语教育事业的发展产生直接影响，且他们在英语教学过程中对我国高校英语教育现状有着更加深刻的理解，对我国高校英语教学的改革有着更为直接的认识。因此，英语教师更应该为我国英语教育的发展与进步共享个人力量。英语实践是产生英语理论的源泉，同时英语实践也离不开科学理论的指导。在"互联网+"时代，学生获取英语信息和英语知识的渠道日益多样化，他们对英语学科的认识也更加清晰、科学。基于学生所具备的自主获取英语知识的能力，英语教师更要关注自身知识更新能力的提升，开阔视野、更新理念，要立足于英语教育领域的学术前沿，及时获取新知识，在此基础上不断提升自身的学术能力。在日益开放、自由的知识环境中，英语教师要时刻保持危机意识，充分适应学生语言能力不断提高的要求。

3. 提高自身的教育科研能力

"科教兴国"是我国社会主义现代化建设的重要发展战略，而如果缺乏科学理论的指导，教育事业将难以获得发展，如果没有教育科研的支撑，教学实践也将止步不前。对于广大英语教师而言，既要科学推进高校英语教学工作，也要密切关注世界范围内的英语理论，及时掌握国内外的英语前沿信息，在分析、整理的基础上对这些信息加以利用，为英语教学实践提供理论指导。同时，英语教师也应不断提高自身的理论创新能力，借鉴他人研究成果，结合自身英语教学实践，形成新的英语教育理论。可见，英语教师既要善于从繁杂的知识中获取有益信息，提炼具备研究价值的重大问题，也要善于探寻英语教育真理，勇于突破陈旧的英语教学模式，确立新的教育理念，为英语教学实践提供科学指导。

（二）主动适应英语教师的多重角色

1. 英语教师是学生的指导者和促进者

在英语教学过程中，英语教师应坚持以提升学生语言能力为核心，充分关注不同学生个体的需求，引导学生形成终身语言学习的自觉意识。在英语教学实践中，教材所涵盖的知识不再是英语教师向学生传授的唯一内容，媒介也不仅是英语教师传递知识的手段，而应成为学生主动学习和协作学习的辅助性工具。基于这一现实，英语教师要积极适应学生英语能力提高的基本要求，成为学生英语学习的指导者和促进者。在高校英语课程和课外英语活动开展的过程中，英语教师需要善于利用情境、协作、会话等学习要素增强学生参与英语学习的自觉性和积极性。

2. 英语教师是教学活动的设计者和组织者

高校英语教学是以提高学生英语实践能力为基本目标，而各个学段的学生在知识需求上具有差异性，同学段内不同学生的知识需求也并不完全一致，这种个性化知识需求是由学生自身的学习观和社会对人才的需求类型所决定的。在英语教学实践中，英语教师应引导学生树立正确的英语学习观，掌握科学的信息化学习方法，以保证他们在踏入社会之后能够熟练使用英语。基于现代教育理论的逻辑，知识并非适用于所有情境，也不是固定不变的，而是始终处于发展变化中的，且在不同情境中，知识是需要重构的。此外，学生在参与英语教学活动之前，已在生活、学习与交往中形成了对知识的理解方式和看法。可见，无论是学生还是英语知识，都是英语教学活动的关键因素。因此，为了让学生的英语能力得到显著的提高，须合理安排与实施教学活动，促使学生的原有英语经验与新获取的经验相互作用，以发掘其学习潜能，真正发挥英语教师在提高学生英语能力方面的作用。

3. 英语教师是课程资源的开发者和利用者

英语课程内容资源的开发与利用是英语课程实施的必要条件，也是实现学生英语能力提高的基本依托。高校英语课程是以学生英语能力提高为目标，以英语学习为主要方式，进而促使学生掌握相应的英语知识和英语技能。在传统的英语教学实践中，多以传统教材来组织学生参与英语学习，难以适应学生自身的学习需求，也难以有效发挥英语课程对于学生英语能力提高的作用。因此，要大力推进高校英语课程内容体系的优化与重塑，组织实施有助于学生英语能力提高的学习活动。对于英语教师而言，既要有效利用课程教材资源，也要充分利用互联网资源来探索新的课程内容，成为英语课程内容资源的开发者和利用者。总之，将高校英语课程延伸至校外，达到与社会的衔接，实现校内英语课程资源与校外英语课程资源的有机结合。

4.英语教师是英语教育的研究者

学生自主性、能动性和创造性的充分发挥对于英语教学的有效进行十分重要。自主性是学生对于个人活动具有自由支配与控制的能力；能动性是学生积极主动地认识并改造客体；创造性表现为学生自主探索新内容和新方式。要实现学生自主性、能动性和创造性的充分发挥，就要积极转变以往过于重视接受学习与机械训练的教学活动，高度关注学生的体验与探索，引导他们以自主学习、协作学习、探究式学习等学习方式参与英语教学活动。这一转变必然要以英语教师的英语教育科研为支撑，通过一定的英语教育科研活动，探索解决英语教学过程中各种实际问题的方法和途径。基于学生个性的差异性和英语教学环境的变化等因素，英语教师不应仅依靠教学大纲的要求进行英语知识与英语技能的传授，还应具备自主开发意识和能力，以及英语教育研究的基本能力，寻求更加新颖、丰富的英语教学内容，探索更加科学、有效的英语课程组织实施形式，从而强化自身在提高学生英语能力方面的服务价值。

第三节　信息化时代下英语教师素质提升的途径

一、反思教学

（一）反思性教学理论

随着我国教育教学改革的兴起，反思性教学越来越受到人们的关注，这一理论最早可以追溯到杜威和肖恩时期。杜威认为反思实际上就是一种较为特殊的思维方式，他认为人之所以会反思，是因为人们在实践过程中产生了困难或疑惑，同时"反思"也被杜威看作用于探究和解决问题的有效手段，杜威认为"教学活动在本质上就具有反思性质"。与杜威不同的是，肖恩将"反思"分成了两种类型，一种是"对行动的反思"，另一种是"在行动中反思"。肖恩认为，在教学的过程中，"对行动的反思"要么发生于课前，也就是对课堂教学内容进行思考与计划时；要么发生在课后，也就是在对课堂讲授过的内容进行思考的时候。而在"行动中反思"则发生在教学过程中，教师在教学时，有的时候会遇到偶然的反应或知觉，而教师需要对这些反应或知觉做出及时的反应，从而使自己的教学正常进行。

1. 反思性思维与教学创新

杜威是美国著名的哲学家和教育学家，是最早对反思问题做出系统论述的人，对反思性思维进行了深入的研究，提出了如何培养出具有反思性思维的教师。杜威认为，反思是知识获取的最好办法，因为反思使学习者对自己学过的知识进行深入思考，有利于学习者对学过的知识进行深入的理解和巩固，进而有利于学习者对知识的把握。反思性思维与常规思维有着本质的区别，常规的思维通常都是由教授者对学习者进行知识的硬性灌输，无法引起学习者的主动思考；而反思性思维则是学习者对所学的知识进行反复思考与揣摩。就学习者的具体表现来看，反思性思维通常较为沉默，但这并不意味着反思性思维就是沉思默想，其实际上是思想从经验到人的活动结果再回到原先尝试的假设和猜测活动的一个复杂的过程。

杜威关于反思性思维的论述对于我国教育教学的创新有着显著的影响，反思性教学在一定程度上解放了我国教师的传统教学思想，使我国教师从以往的单一的和固定不变的教学行为中解放了出来，同时促使我国教师变得更加深思熟虑与谨小慎微，并能够按照一定的计划实施行动。而且教师在反思性教学过程中能够及时地发现问题并解决问题，进一步激发了教师教学的创造力，使自身的教学水平得到不断的改进。教师在教学过程中遇到的问题又可以激发教师的学科研究动力，从而促进其对学科知识的研究，促进学科教学与学科发展。教师在不断地反思、发现问题、解决问题的过程中就会逐渐形成自己的科研理论，这成为教师进行创造性教学的关键。

2. 教师个人实践理论和反思性教学

教师个人实践理论最早是由美国著名学者唐纳德·肖恩提出的。唐纳德·肖恩认为，教师教学时一般都会受到两种理论的支配，即公共理论和教师个人实践理论。所谓的公共理论指的就是一种一经产出就成为某一类群体或全人类一起共享的理论成果或理性认识，这一享有是不需要付出任何代价的；而个人实践理论刚好与公共理论相反，指的是某一个体产出之后，就储存在创造主体脑中的理论，它不具有公共性，而是由个人产出、个人享有并运用，与他人无关。可见，教师的个人实践理论实际上就是教师在教学过程中形成的教学方法与经验。然而教师原本掌握的公共理论要想对自己的教学实践发挥一定的作用，就需要教师先对这一公共理论进行理解、吸收和内化，然后与个人经历、知识等相结合，还需要经过一定的批判性分析才能变成教师个人的实践理论，只有变成了个人的实践理论才能更好地服务于自己的教学。

公共理论在向教师个人实践理论进行转化的过程中，最为重要的途径就是教师的反思性教学。作为反思型实践者，实践在教师形成个人实践理论过程中也具有非常重要的作用。正如上述提到的肖恩的理论一样，教学实践由"对行动的反思"和"行动中的反思"共同组成，实际上两种反思行为是相互促进的，共同推动教师形成个人实践理论。在教学过程中，如果反思型教师发现自己的教学行为产生的结果和自己预先的目的不相符合，或在教学行为中出现了什么问题，他们就会及时地做出反应以解决问题，而且在教学行为结束之后就会对自己处理问题的方式方法进行反思，同时对已有经验也进行批判性反思。

有的时候如果反思型教师遇到了教学问题，也会选择和其他的教师进行讨论，并想出解决办法，那么，接下来反思型教师就会更加系统地对问题进行分析和解决。甚至将频繁出现的问题作为课题进行深入研究，以形成个人实践理论。从发现问题到反思问题，再到解决问题，这一过程实际上就是教师对反思性教学认识的逐步深入的过程。教师的反思贯穿于整个教学实践过程的始终，经反思得来的个人实践理论也可以用于指导反思型教师接下来的教学过程，以此促进个人教学成效的不断提高，从而提高自己的教学质量，促使教师的教学能力和水平不断得到提升。

（二）具体实践

高校教师如何才能够很好地对反思性教学进行实践，并使自己成为一名合格的反思型教师？其主要可以从以下四个方面进行。

1. 实践反思

实践反思的主要方法是行动研究。教师行动研究是教师对自身当下思维与行为的监控与调节、协调与互动。行动研究是一个循环往复的探询新问题、解决新问题的过程：发现问题—形成假设—行动研究—发现新问题，如此反复进行教学探索与提高。行动研究能够帮助教师在调节自身思维活动与行为活动的同时发现教育教学实践过程中的问题，并通过教学实践使问题得到顺利解决，使教师由纯粹的教育教学的实践者提升为教学理论的创造者与实践者。

2. 叙事反思

叙事反思是教师通过内隐或外显的方式将所经历的教育事件与相关感受呈现出来，从而为他们今后的思考提供素材。教师可以采用想象叙事或内隐叙事的方法，将自己头脑中的各种表象通过思维加工而构成各具意义的情节事件；也可以采用口头叙事的方式将自己内心的东西表达出来；还可以采用书面叙事的方式将自己所见、所闻、所经历的事件写出来。

3. 合作反思

合作反思是外语教师反思性教学和专业化发展的重要途径，包括参与式观察和合作教学等方法。参与式观察以教师相互听课为主要形式来观察和分析同事的教学活动。合作教学指两名以上的教师同时教一个班的学生。英语教学中的合作教学可以促进教师对教学进行反思，有利于促进教学合作、培养教师的专业素质，也有利于培养教师的团队精神。

4. 资源反思

资源反思主要包括观看教学录像带和利用教师档案袋等方法。观看自己的教学录像可以使教师站在客观的角度考查自己的教学实践，它不仅能反映自己教学的优点和不足，也能把很多自己并未注意到的教学细节呈现出来。教师档案袋是对所有关于学生学习和教师教学过程的记录，同时还有教师本人对一些事件的评论和解释。它为教师的反思提供了最直接的情境，可以帮助教师反思自己的教学过程。

二、开发教材

教材是教师进行教学的依据，也是教师进行学术讨论和促进自身发展的基础。同时教材也是教学的主要载体，作为教学内容的重要载体，教材的制定与编写通常要以教学大纲和教学计划为依据；教师对教材的认识水平、掌握情况等实际上对于教师使用教材的程度和水平起着决定性的作用。与此同时，高校英语教师对于教材的研究、思考等也是教师提升自身专业素质的重要内容。从教学维度来看，教师对于教材的使用通常包括三个方面的内容：一是高校英语教师对于高校英语教学目标和内容的理解与选择；二是教师对教学过程中教学环节、教学方法的设计与安排；三是教师对教材的课后练习做出的反馈以及教师对教材使用效果的预测。实际上，这三个方面也暗示了高校英语教师在使用教材时所要经历的三个过程。

首先，教师在实施教学之前先对教材进行理解与判断，从教材中获取有意义的教学目标和教学内容。

其次，教师需要根据教材中的内容进行教学，伴随着教学实践的还有教学方法的选择和教学活动的安排。

最后，教师需要对自己的教学效果进行检测，并总结教学经验。

因此，教材对于教师的意义和作用实际上就体现在以上三个方面。

（一）探究教材

高校英语教师在拿到教材之后需要对教材进行探究，做出整体把握。英语是一门语言类的学科，那么英语教材中通常隐含着教材编写者对英语语言学习规律的基本观点与看法。一般情况下，英语学习过程中有两种常用的语言习得方法。首先，教材直接对语言现象进行呈现，讲解英语的语言规则，同时对英语的语言运用进行解释，最后学习者需要经过大量的练习对知识点进行巩固与复习；其次，英语教材在编订过程中插入了很多语言实践活动，让学生在学习教材时进行大量的英语口语练习，促使学生在使用英语的过程中习得英语。

教师对教材进行深入的探究与分析，有助于教师对隐含在教材中的语言习得规律进行把握，从而揣摩教材编订者的意图。在这一基础上，教师将自己在教材中探求到的规律应用到教学中去，帮助学生创建目标语境，设置教学情境，充分发挥教师在教学过程中的组织与指导作用，同时积极鼓励学生进行语言实践活动，最终帮助学生习得英语。

（二）开发和编写教材

从目前的教材编订情况来看，我国的英语教师实际上只有很少一部分对英语教材的编写起到了作用。之所以会出现这种情况，主要有以下四个方面的原因。

首先，我国有相当一部分英语教师都认为教材的编写和他们没有关系，他们只负责教学，至于教材的编写则是由我国的教育主管部门和教材出版部门负责的。

其次，有一些教育管理部门未能充分调动教师参与教材编写的积极性，有的时候甚至不允许教师参与教材的编写与出版。

再次，我国有很多高校英语教师都不具备教材编写能力，他们也没有教材编写这一方面的资源。

最后，即使有些教师编写了教材，也不一定就能够出版或得到使用。

事实上，教师是教材的使用者，教师也是对学生最为了解的主体，因此教师参与教材的编写实际上有着很大的优势。

如果我国高校英语教师要参与教材的编写，就必须注意以下五个方面。

第一，教师要熟知那些关于高校英语的先进语言理论、学习理论和教学理论。

第二，教师要熟知对教材编写进行指导的课程要求是什么。

第三，高校英语教材如何使听、说、读、写四项技能训练内容得到平衡分布。

第四，如果这一高校英语教材被教师使用了，那么教师如何使用该教材对学生进行形成性评价和终结性评价。

第五，编写出来的教材如何才能够满足学生的个体差异性发展。

除了这五个方面还有其他需要注意的因素，因此教材的编写实际上是一件非常复杂的事情。

三、课堂角色转变

（一）教师课堂角色转变的内容

第一，教师从传统教学中主导者的角色转变为教学的指导者。首先，随着虚拟仿真、人工智能、教学平台、手机教学 APP 等新型信息技术逐渐应用于英语教学，学生获取信息的途径被拓宽，教师不再是提供资源的唯一渠道。在信息化背景下，学生可以在教师的指导下，通过互联网，快速、自主地搜索符合自己兴趣和水平的个性化学习资源。其次，通过信息技术所设计的英语教学流程和教学画面有强大的吸引力、多维的动画、有趣味的操作，可以给学生带来视觉、听觉、感觉等全方位的体验，从而提升他们对英语学习的兴趣和探索的积极性。比如，英语虚拟仿真实验可以在教学内容中引入与学习、就业、生活紧密相关但受经济成本、时空等因素限制，不便在传统课堂内开展的主题，在教学方式上推进虚拟现实、人机交互等独立操作，在技术上引进云计算、语音识别、多媒体动画等手段，为学生提供高仿真体验，锻炼其实践型语言知识技能；借助情境互动，锻炼学生的认知能力和场景适应能力；借助人机交互和多元化项目操练，提高课堂的趣味性，提升学生自主学习的积极性；借助生动立体的教学画面，帮助学生了解英语国家相关文化和背景知识，培养跨文化交际能力和综合语言应用能力。在上述教学过程中，学生能够自主参与到学习中，而教师只需要起到指导的作用，协助学生完成学习任务。

第二，教师应该成为学生的服务者。信息化教学对教学的硬件和软件都有极高的要求，因此，不论在课前、课中还是课后，教师都要为学生提供周到的信息化服务。比如，在课前，教师应充分收集与课程有关的信息资源，准确调试网络设备，预先做好网络课程规划，提前建立好网络平台；在课中，教师需指导学生操作信息平台，包括指导学生如何上传作业、如何查看学习成绩、如何在线发布信息等；在课后，教师可查看网络学习情况，统计分析网络学习数据，及时回复网上提问和留言，及时批改网上的作业。总之，在任何一个学习阶段，教师都需要发挥最优的服务职能，助力学生的信息化学习。

第三，在传统的教学模式中，繁重的英语教学任务使大部分英语教师分身乏术，大多无法深入了解和创新外语教学理论。但是，随着信息技术的突飞猛进，英语教学目标、教学要求和教学模式也在发生着日新月异的变化。因此，教师不能继续被动地执行教学计划，而应该尽快转变自身角色，成为新型英语教学理论的研究者、先进英语教学理念的创造者、多元英语教学模式的践行者。此时，教师应结合信息技术，学习、创造新颖的、高效的、系统的语言理论，引领英语教学方向，及时建构起一套利于支撑课堂平稳运行的理论模型，并通过该模型向学生传递核心的语言学习思想，帮助学生在有限的学习时间内建立起科学有效、自主个性的学习方式、学习计划以及学习策略，从而使英语教学适应教育信息化，实现快速发展。

（二）信息化背景下英语教师角色转变的路径

近年来，随着信息技术的发展，整个英语教育体系都发生了巨大的变化。教育理念、教学内容和教材形式逐渐信息化、多元化；学生的学习方式有了更多自主性和灵活性；学生与教师之间、学生与学生之间互动性更强、协助性更高的关系模式也随之产生。因此，为适应并推进高校英语教学改革，教师的角色也需要进行及时的转变。以下，我们将对教师角色转变的路径进行详细探讨。

1.教师应当发挥"脚手架"的作用

在信息化教学过程中，教师应当发挥"脚手架"的作用，引导学生全面地建构知识体系，帮助他们及时地克服困难。同时，教师应在课前、课内、课后做好充分的准备，随时随地为学生提供个性化的学习服务。在教学活动的全程，教师也应扮演好引导者、协助者和服务者的角色。另外，教师所发挥的"脚手架"作用，其形式应具有丰富多样的形态，可以是一个教学理念、一种教学方法、一套教学设计、一种教学设备、一类教学资源、一项教学策略，在任何能够给学生提供支持的领域发挥作用。但是，这个"脚手架"并不是永久性的，一旦学生有了独立自主的学习能力，有了解决问题、分析问题的能力，有了积极主动的求知欲，教师就可以逐渐从帮助者转变为引导者，将分析问题、探索真理、克服困难等难度比较大的学习任务慢慢移交给学生，鼓励他们自己解决。如此，学生对学习的兴趣、积极性、自信心、能动性得以充分调动，教学质量和效果的提升也得以实现。

2. 英语教师应引导学生进行信息化自主学习

信息时代赋予了英语学习自主性的特点，为适应不断更新的教学理念和不断发展的社会需求，英语教师应运用信息技术，培养学生积极主动的学习方式，从而逐步提高学生的学科知识和综合能力。具体来说，教师可以通过指导学生自主设定学习目标、主动挑选学习材料，自行对比学习方法，自我改善学习路径，自我审视与监督来帮助学生达成自主学习目标。另外，为了检验学习目标的达成情况，教师还需要指导学生建立自我评价标准和评价体系，并借此来推进学生自主学习进程。比如，教师可以利用混合式教学方法来培养学生学习的自主性，即教师在传统线下集体教学活动进行的同时，可将网络教学平台作为承载课程资源、沟通学习过程的媒介，将诸如在线英语视频观看、在线英语写作、在线语音练习、英语报刊网站阅读、英语新闻视听、在线讨论、在线英语问卷调查等学习任务延伸到课堂之外，为学生创造独立学习、自主探究、创造共享的契机。在这些更多元、更丰富、更以学生为中心的活动中，学生可独立制订学习计划，探索相关任务，并通过合作、分享、评价等方式获得相关结论，他们的主动性、积极性与创造性也在教师的指引下得到更有效的锻炼与提升。

3. 教师应当加强学生的信息化个性学习

每个学生都是独立的个体，在英语学习动机、英语语言能力、英语学习习惯等方面都存在一定的差异。因此，教师应利用可进行分级、分层教学的信息技术，针对学生掌握能力的差异开展分级化、个性化的英语教学。比如，教师可以根据学生听、说、读、写、译等各项英语能力，将其划分为不同的学习小组，并运用对应的英语学习软件对各小组进行针对性指导。

4. 教师应不断引导学生间的交流协作。

教师利用网络学习平台将学生划分为若干学习小组，每个组员可以把自己的英语学习经验、解题思路、对问题的看法等体验发布到互动区或讨论区，在组内共享最新的学习信息和学习方法。同时，小组成员可以实时接受消息并进行讨论。类似的分组学习方式在传统教学模式中已有实践。比如，传统的学习由于受到了空间和距离的约束，大部分学生为了方便交流会以寝室为单位进行分组。然而，在信息平台和社交媒体的帮助下，分组不再受时空限制，其形式更为多样，针对性学习的效果也更显著。比如，距离较远的学生也可以突破空间的限制，同等英语水平、英语兴趣爱好或者英语学习习惯的小组可随时、随地、零距离进行沟通、共同进步。这不仅加快了信息传递的速度，增加了学习的自由度，也拉近了学生之间的距离。

5. 教师应为学生提供更加信息化的教学资源

信息化优化了外语教学资源的获取途径，拓宽了信息获取的渠道，也给予了学生丰富的选择和高度的自主权。但是，在面对丰富多彩、种类繁多的信息时，学生往往不知如何合理地选择、利用这些资源。为此，教师应当在教学中做到以下两个方面：第一，教师应当具备信息化资源搜索的能力，能够通过信息技术，获得有效、有用、有针对性的学习资源，根据英语人才培养模式和教学大纲的要求，结合社会的发展需求，对信息资源进行筛选、整理、归纳，并以符合英语语言学习规律的方式呈现给学生。第二，教师应当引导学生合理地利用网络途径，教会他们正确地筛选和判断学习资源的优劣，给予他们灵活利用学习资源的建议。比如，指导学生如何在英语资源网站获取有效的学习信息，如何通过数字图书馆搜索海量的学习资源，如何合理运用英语视听速记软件、英语写作批改软件、英语语音模仿软件、英语口语互动软件、英语泛读软件、英语精读练习软件等资源来辅助学习，从而更高效地达到信息化学习、个性化学习的目的。

第四节　信息化时代下师资优化应对的策略

一、革新教学观念

英语教师对英语教育的认识和态度，能够对其英语教学实践产生深刻影响。英语教师个人因素既是影响英语教学实践的内部因素，也是关键因素，这是由于英语教师是英语教学的主要参与者，学生英语能力的提高在很大程度上有赖于英语教师的教学活动。因此，在英语教学师资建设过程中，首先要推动英语教师的观念转变，促使其形成科学的英语教育价值观，并在"互联网+"思维的引导下完善自身知识结构，形成新的教学观，为高校英语教学提供有益指导。

第一，要加快高校英语教师教学观的转变。教学观是人们依据自身的价值理性，对教学活动进行价值辨识、判断与选择的倾向与观念。换言之，英语教学观就是英语教师对英语教育功能的认识。随着社会进步，教学观逐渐发生了转变，如从关注工具理性的"学会生存"向关注人文理性的"学会关心"转变。从发展的角度来看，高校英语教学并不只是让学生掌握英语知识和英语技能，更重要的是关注学生的未来发展，关注社会的实际需求。因此，英语教师要建立促进学生英语能力提高和适应社会发展需求的英语教学观，并以此指导其英语教学实践活动。

第二，英语教师要在"互联网 +"思维的引导下，不断汲取新思想，获取新知识，促进自身知识结构的完善与优化，以建立新的英语教学观。为保障英语教学质量和效果，英语教师必须具备自我能力提高的意识，因此首先要建立新的英语教学观，以此指导个人行为活动。只有这样英语教师才能充分认识到自身理应具备的多重角色，依托新的英语教育观念不断完善和充实自己的专业知识，努力提高英语教学能力，最大限度地发挥英语教学在促进学生英语能力提高方面的作用。

二、提升教学水平

在高校英语教学师资优化中，第一，要通过政策规范对英语教师的学历和学缘结构做出明确要求，以最大限度地优化英语教师队伍的结构。第二，在引进英语教师时，既要考察其专业理论水平，也要重视其专业技术的考查。第三，大力培养英语教学和英语研究方面的骨干力量，并且充分发挥这些骨干教师的带头和示范作用，引导年轻英语教师快速提高自身教学能力与科研能力。第四，根据英语教师队伍的年龄结构，发掘和培养高水平拔尖人才，让三十岁左右在英语教学和科研方面做出突出贡献的青年英语教师起到示范作用，高校在评定高级职称时，可为青年教师专门划出名额，甚至予以破格评审。对于高校英语教学师资建设而言，可让本校在读学生承担一定的助教任务，以解决英语助教不足的问题，保障英语教学工作的开展。

除此之外，在高校英语教师队伍建设中，一方面，要大力促进英语教师教学方式的创新和教学水平的提升。英语教师应在先进教学思想的指导下，对自身英语教学经验进行总结，对优秀英语教师的有益经验予以借鉴，在此基础上探索科学的英语教学方法，提高英语教学的组织管理能力。对于学生英语理论知识的传授和信息化英语技能的培养，仅依靠单一的教学方法是不够的，而要依托多种教学方法的有机结合。不同的英语教学方法有其独特的特点和不同的应用范围，英语教师根据英语教学内容和学生实际选取合适的教学方法，能够对英语教学质量和教学效果产生重要影响。另一方面，要关注英语教师创新意识与创新思维的培养，不断提高其在英语教学实践中的创新能力。在英语教学过程中，英语教师要始终以素质教育思想为指引，积极进行英语教学模式的创新，更新和充实英语教学内容，推进英语教学方式的多样化发展，实现其教学水平的提升，从而达到调动学生英语学习积极性与促进学生英语能力提高的目的。

三、提高薪资待遇

英语教育事业的发展进步离不开必要的资金支持。高校在英语课程建设和英语师资建设中，提高资金方面的支持，改善教学条件，提高教师的薪资待遇问题，激发英语教师投身于英语教育事业的热情，从而有力推动英语教育事业的科学发展。

第一，政府部门与高校应加大英语教育方面的资金支持力度，完善高校英语设施，为英语教师开展英语教学活动提供良好条件。英语教学质量和科研情况在很大程度上依赖于相应的资金支持，经费不足极易导致英语教学和科研质量下降。高校应设立英语科研专项经费，以保障英语教师科研工作的顺利推进，并制订合理的奖励制度，对获得优秀科研成果的英语教师予以奖励。

第二，要注重解决英语教师的待遇问题，创建具有稳定性的英语师资队伍。其一，受不同地区经济发展水平的限制，经济欠发达地区的高校英语教师工作环境相对较差，他们更愿意到东中部发达地区的高校从事英语教学工作，因此必须保证西部欠发达地区英语教师的福利待遇，在条件允许的情况下适当提高其待遇水平，以留住和吸引英语教师，保障英语教师队伍的整体素质。其二，要严格按照相关规定计算英语教师的工作量，对于英语教师的评优、职称晋级、进修学习等事宜要保证英语教师享受同其他学科教师同等的待遇，对于在英语教学方面表现突出的英语教师，要适当给予奖励。其三，各级主管部门要关心英语教师的生活，注重经济欠发达地区英语教师教学条件的改进，以调动英语教师从事教学工作的积极性，并吸纳更多的英语人才到经济欠发达地区的英语教学师资队伍中，为经济欠发达地区的英语教育事业发展提供人才保障。

四、加强考核培训

第一，要建立完善的英语教师能力考核制度，定期对英语教师的教学方法、组织管理、信息技术应用以及示范能力进行考核，并对评价结果进行量化，以促使英语教师不断改进教学方法、优化教学内容，进而促进英语教学效果。同时要强化英语教学督导与评估，注重学生在教学评估过程中的参与，可在各学期结束时开展评教工作，进而充分了解学生对英语教师的满意程度以及对英语教师提出的建议，以此促进英语教师教学工作的改进。

第二，要积极开展英语教师职后培训工作。在"互联网+"时代背景下，英语教师面临着教学理念落后、教学方法陈旧等各种问题，因而必须通过进修学习或培训活动来促进其知识的更新和能力的提升。为推动英语教师的职业发展，英语教师要不断学习，以提高自身的英语教学水平和科研能力，从而更好地适应学生发展和社会发展对英语教师提出的更高要求。为保证英语教师职后培训活动的参与，要依托相关政策鼓励英语教师积极进行自我深造，通过有计划、有针对性地开展英语教师职后培训工作提升英语师资队伍质量。同时要拓宽英语教师职后培训的渠道，为英语教师提供多样化的培训方式，并且开展多层次的培训工作，提高英语教师的专业素养，增强英语教学效果。在培训经费方面，相关部门要对英语教师职后培训工作提供经费支持，保证英语教师在参与培训期间的福利待遇。此外，还要对英语教师的职后培训进行科学管理，保障培训工作的有序开展。

五、提升科研能力

对于英语教师而言，既要具备较高的英语教学水平，同时要具备一定的科研能力。科研工作是提高英语教师职业素养和教学能力的重要方式之一。英语教师既要做好本职工作，积极进行知识更新，探索更加科学的教学方法；也要积极参与科研工作，以科研成果为英语教学实践活动提供指导。此外，还要最大限度地创造校内、校际科研交流的机会，抑或邀请英语领域的专家为英语教师的科研工作提供指导，开阔英语教师的研究思路。科研能力的提升有助于英语教师以新观点和新方法促进英语教学工作的开展，充分发挥教学实践活动对于提高学生英语能力的功能。

六、完善规章制度

英语教师教学能力的提升既依赖于英语教师自身所具备的内驱力，也需要一整套完善的规章制度进行约束。

第一，要建立学校领导听课制度。学校领导听课的形式有多种，如随机听课、对某一英语教师持续听课，领导听课能够促使英语教师完善课堂教学，提高英语教学质量。

第二，要制订英语教师进修学习制度。高校应从英语教师队伍中选拔在教学和科研方面表现突出的优秀教师，为其提供进修学习的机会，可选送优秀的英语教师参加骨干教师培训活动，也可让英语教师到国外研修。

第三，要建立公平的竞争激励机制。对于英语教师的招聘、考评、奖惩等，要坚持公开、公平、公正的原则，鼓励英语教师之间的竞争，特别是要鼓励在教学和科研方面有突出贡献的年轻英语教师，营造积极向上、奋勇争先的竞争环境，从而调动英语教师教学和科研的积极性和能动性。

第四，要建立青年教师导师制。对于新入职的英语教师，要为其安排具有丰富经验的英语教师负责指导，使他们迅速融入英语教学实践中；对于工作满一年的英语教师，要通过汇报课对其进行考核；对于工作两年的英语教师，可进行合格课考核，由此提升青年英语教师的教学水平。

第五，要全面落实英语教师考核制度。

参考文献

[1] 康洁平 . 信息化背景下高校英语混合式教学模式探索与应用 [M]. 北京：中国书籍出版社 , 2021.

[2] 魏琴 . 信息化背景下大学英语教学研究 [M]. 长春：吉林人民出版社 , 2020.

[3] 施黎辉 , 付国伟 . 高校学术研究论著丛刊·信息化时代大学英语自主学习能力的培养研究 [M]. 北京：
    中国书籍出版社 , 2023.

[4] 吴文亮 . 信息化时代高校英语教学理论的解构与重塑 [M]. 长春：吉林大学出版社 , 2019.

[5] 祝菁 . 高校英语教育教学理论与实践研究 [M]. 长春：吉林人民出版社 , 2022.

[6] 侯海冰 . 当代高校英语信息化教学改革研究 [M]. 北京：北京工业大学出版社 , 2021.

[7] 王志南 . "互联网 +"时代高校英语教学优化与创新实践研究 [M]. 长春：吉林大学出版社 , 2020.

[8] 郭向宇 . 教育信息化背景下高校大学英语教学改革模式 [M]. 延吉：延边大学出版社 , 2020.

[9] 毛佳玳 . 信息化背景下高校英语教学创新研究 [M]. 杭州：浙江工商大学出版社 , 2022.

[10] 王峥 , 王佩 . 高校英语教育模式创新研究 [M]. 北京：北京工业大学出版社 , 2019.

[11] 张墨 . 信息时代背景下大学英语教学方法整合新探 [M]. 长春：吉林出版集团股份有限公司 ,
    2021.

[12] 魏微 . 大学英语教学基础理论与实践研究 [M]. 长春：吉林人民出版社 , 2020.

[13] 唐君 . 高校英语信息化教学研究 [M]. 北京：中国国际广播出版社 , 2019.

[14] 曾宇钧 . 信息技术背景下的英语翻译与教学实践 [M]. 北京：海洋出版社 , 2021.

[15] 赵丽 . 互联网背景下高校英语教育的创新发展 [M]. 长春：吉林人民出版社 , 2020.

[16] 杜羽洁 , 史红霞 . 高校英语教学模式创新与发展研究 [M]. 北京：北京工业大学出版社 , 2019.

[17] 王九程 . 信息化时代高职英语教学研究 [M]. 长春：吉林人民出版社 , 2020.

[18] 鲍文 , 田丽 . 高校商务英语专业实践教学创新研究 [M]. 杭州：浙江工商大学出版社 , 2021.

[19] 丽娜 . 大数据驱动下的大学英语教学革新与探索 [M]. 长春：吉林人民出版社 , 2021.

[20] 吕文丽，庞志芬，赵欣敏 . 信息化时代下的大学英语教学改革探索 [M]. 长春 : 吉林大学出版社，2019.

[21] 杨雪静 . 高校英语教学模式创新研究 [M]. 长春 : 吉林人民出版社，2019.

[22] 李小莉 . 高校英语教学理论与实践 [M]. 延吉 : 延边大学出版社，2021.

[23] 苏一凡 . 多模态英语教学理论与实践 [M]. 北京 : 中华工商联合出版社，2022.

[24] 吴白兰 . 信息化背景下大学英语教学研究与实践 [M]. 北京 : 北京工业大学出版社，2019.

[25] 秦妍 . 高校英语教学实践与模式探索 [M]. 长春 : 吉林教育出版社，2021.